I0791201

A. Toledano de Diego

Basura

Social

"Este libro ha sido escrito de manera espontánea, tal como fluían las ideas, sin ser escrito por un "negro", ni maquetado, ni pasado por un revisor ortográfico. De forma que todos los errores que se puedan hallar en él, deberán quedar supeditados a la frescura de la escritura".

Prólogo

Este libro narra toda la corruptela del ser humano en diferentes ámbitos. Donde se llega a tener una percepción de la abominable figura que representa ese ser. Serían infinitas las formas de corrupción moral que hay en el ser humano, por eso aquí solo vendrán reflejadas las más comunes.

Por desgracia, la única forma genérica de poder medianamente comportarse, es mediante el castigo. En su mente no hay la capacidad de poder discernir, de que podría comportarse, sin tener que tener el peso del "látigo encima".

Infelizmente, su comportamiento nauseabundo en la sociedad es el de un gran depredador, que con tal de trepar socialmente, no tendrá miramientos, de pisotear si es necesaria toda la escala de valores morales. Siempre se amparará en que así es el sistema y que él no es más que un engranaje más de la corruptela y que obra así, porque así obran los demás.

Parece ser, que así se siente menos culpable, de no ser a los ojos de la sociedad más que un ser vomitivo. Es la excusa que necesita para evitar el sentimiento de culpa.

Las situaciones son inimaginables para algunos, pero por desgracia así es ese ser que ocupa la cumbre de la pirámide del mundo animal.

Por eso como animal que es, siempre nos quedará la duda de si realmente se considera racional o son sus manifestaciones más primitivas de su escala evolutiva aflorando, la que le hacen comportarse como un ser deleznable.

Madrid, 5 de Febrero 2017

A. Toledano de Diego

Las sanguijuelas

La codicia de hacerse ricos, nubla la vista a algunos, llegando a tener unas actitudes que rallan lo canallesco. Pero por lo visto a esos que son así, la moralidad, los escrúpulos y la decencia como personas no existen.

De ahí que a más de uno le habrá pasado o ha conocido auténticos atropellos en los derechos de aquel que trabaja para alguien a cambio de un sueldo.

Y como ejemplo podemos citar de un cocinero de un restaurante, que llevaba trabajando muchos años y como había gozado de buena salud, nunca había tenido que coger una baja. Confiado en su patrón, así transcurrió su vida laboral, hasta que la desgracia de la enfermedad se cebó con él. Sintiéndose enfermo, acude al médico, que le somete a unas pruebas, para confirmar lo que ya sospechaba. Descubriéndosele que tenía un tumor maligno en el estómago. Después de ser operado, estando convaleciente en casa, descubre que no tiene derecho a cobrar la baja por enfermedad. Acercándose un familiar para enterarse, descubre que el conocido que le había encomendado que le hiciese el favor de enterarse en la Seguridad Social que pasaba con su prestación por baja de enfermedad. Allí le informan que a pesar de llevar 20 años trabajando en dicho establecimiento, le había estado pagando intermitentemente las cotizaciones. De manera que cuando tuvo la desgracia de caer enfermo, le tocó justamente cuando su patrón estaba en periodo en que no cotizaba por él. Para desgracia del enfermo, la enfermedad fue galopante y se lo llevó del mundo de los vivos rápidamente. Como no tenía mujer ni hijos, obviamente nadie reclamó nada una vez fallecido.

Por lo tanto ese patrón, se estuvo enriqueciendo durante años a costa de ese empleado que tantos años había prestado sus servicios en su restaurante. La cuestión es, sufriría el arrepentimiento, el susodicho, por haber sido un canalla que con tal de hacerse más rico, no escatimó obviar sus obligaciones laborales.

Probablemente no, al revés, estaría agradecido a que el destino le deparase la suerte de que con el fallecimiento de ese fiel empleado, se esfumaron sus problemas que le podrían haber puesto en un atolladero. Al tener que hacer frente al desembolso económico que como una sanguijuela, había chupado al empleado fallecido.

Vamos que seguro, que al día siguiente del fallecimiento, ya estaría otra vez en su negocio, ajeno a todo. Aplicando la máxima, *el muerto al hoyo y el vivo al bollo.*

Otro ejemplo manifiesto es, el de aquél trabajador, que habiendo trabajado toda su vida en el gremio de la hostelería, le llega su hora de jubilarse y oh sorpresa, no habían cotizado por él más que la tercera parte de lo trabajado. O sea, no tenía derecho a la jubilación por no llegar al mínimo.

O el de aquel, que después de llevar trabajando muchos años para un mismo patrón, se entera de que para el que trabajaba, le había estado cotizando siempre por la mitad de la jornada que hacía. Encontrándose que le faltaba la mitad de su vida laboral a la hora de jubilarse.

Esos son casos, que en los tiempos de hoy son más raros que sucedan, pero abusando de la confianza de los empleados depositada en su patrón y de la ignorancia o baja cultura de los asalariados, aún se siguen dando casos así.

Aunque todos saben, que la mala fama se la lleva casi siempre el asalariado, que es malo de la película. Pero la realidad es muy distinta y el patrón, abusando de su prepotencia de ser el que paga, comete toda esa serie de atropellos laborales que saltan con mucha frecuencia a los medios.

Esa es la guerra del día a día del mundo laboral, en que la honradez brilla por su ausencia en muchos casos. Lo que obliga a que el asalariado esté siempre ojo avizor. Si es que no se quiere llevar una sorpresa desagradable cuando menos se lo espera.

La corrupción en el mundo laboral

En ese entramado laboral, raro será aquél, que no haya vivido algunas de las innumerables facetas que engloba el mundo del trabajo. Inclusive llegando a vivir algunas esperpénticas. Viéndose éste desde la vertiente del patrón y del asalariado.

El mundo laboral idealizado por el empresario sería aquél, en el cual pudiese llevar su negocio sin la necesidad de empleados. Pero eso infelizmente no es posible a menos que sea algo unifamiliar. Por eso en las medianas y grandes empresas, la figura del empleado es imprescindible. De forma que muy a su pesar, necesita el patrón contratar mano de obra. Aunque su anhelo por lograr la autosuficiencia sin ellos, es un sueño que puebla la mente de muchos de ellos.

Quizá es que son poco reflexivos y si parasen a pensar un poquito, se plantearían, quién va a comprarme lo que produzco si no hay gente que gane un salario para que pueda consumirlo.

Bah, pero eso a él le trae al pairo, lo que desea es ganar dinero con su negocio sin tener que pensar en nada que no sea llenar la caja.

Dándose la dualidad entre la necesidad mutua de ambos, el patrón con la necesidad de mano de obra para llevar adelante su negocio y a su vez el empleado, su jornal para poder mantener a los suyos.

No hay ni que negar que la desconfianza es mutua, ya que el patrón siempre estará pensando que el empleado le quiere sisar o escabullirse de su cometido en el trabajo; mientras que éste pensará en que el empresario, siempre buscará la forma de evitar cumplir todas las obligaciones laborales con el fin de ahorrarse costes. Al fin, esa es una de las formas, por las cuales muchos se han hecho ricos. Pues siendo realistas, muy poquitos serán aquellos que enriquecieron fruto de la casualidad. Lo cual le llevará al empleado a tener un control férreo de sus derechos si no quiere verlos pisoteados. Evidentemente el buen o mal empleado, será algo subjetivo, ya que desde el punto de vista empresarial, el mejor empleado es aquél que dice a todo, *si bwana*. O sea, el trabajador que se limita solo a obedecer y a no pensar y a dejarse pisotear sus derechos. A la empresa no le importa si es un sinvergüenza o no, siempre que a ella no le afecte *el bolsillo*, como sociedad mercantil que es. Y aquél trabajador que sea estricto, le llegarán a insinuar que no se puede ser tan cumplidor, porque si no ponen en evidencia a los golfos, como invitándole a que, *en tierra de lobos, hay que aullar como ellos.* Ahora bien, si el trabajador empieza a defender sus derechos laborales, de todos los atropellos y desmanes de la empresa, será mal visto por el patrón. Aunque la justicia le dé la razón a éste, no se ha dejado robar, o sea no cumple el perfil de trabajador *manso.* Por eso ante cualquier reclamación o sugerencia del empleado, el patrón le contestará *a usted no se le paga por pensar. (Solo para obedecer y ser mandado, te está insinuando).* La mayoría de los trabajadores, viven coaccionados por el miedo. E infelizmente la mayoría se comportarán como *corderitos camino del matadero.* Siempre habrá algún bravucón que dirá, *hasta ahí hemos llegado, pero yo a mí jefe no le tolero eso.* Eso de cara a la galería, cuando esté delante del jefe, todo lo que se atreverá a decir cómo mucho será, *si bwana.* Ya que se caga.

Como se comprobará será una relación basada siempre en la desconfianza, donde uno y otro se estará vigilando, de reojo.

El arma con que cuentan para subyugar a los empleados en las medianas y grandes empresas es el, **SINDICATO AMARILLO**. Organización sindical de tipo mafioso, que se disfraza con piel de cordero, de sindicato obrero, pero que su verdadero fin es ser un lobo para atender a los intereses de la patronal. Tratando de captar el mayor número de afiliados para su causa, haciéndoles ver que estando en el sindicato de la empresa, contará con mayores ventajas. Así es una forma de tener a los trabajadores engañados, haciéndoles creer que pueden contar con dicho sindicato para defender sus derechos laborales, cuando en realidad es una forma de tener *domesticados a los trabajadores* y tener *vendidos* a los empleados. Otros sin embargo, no están engañados, simplemente velan por su egoísmo personal y tratan de sacar las mayores ventajas para su persona, aunque sea en detrimento de sus compañeros.

Para tal cometido, la empresa contará con un organigrama encabezado por uno de los suyos, que será el cabeza, que no será más que un *capo*. Aquél que ocupa el escalafón más alto del servicio. Ese ser nauseabundo, sin cualquier tipo de escrúpulos, al servicio del **SINDICATO AMARILLO** que realizará dicha labor sucia a cambio de beneficios para su persona, como forma para *trepar* en la empresa. Sabe que en el fondo es un *hijo puta*, pero pensará si no soy yo, será otro, así que para beneficiarme, mejor que sea yo. Primitiva conclusión de muchos, donde la originalidad de no seguir al rebaño, será cosa de muy pocos. Siempre habrá algún vomitivo, que se prestará para dicha labor, ya que las palabras *dignidad e integridad* no figuran en su vocabulario. Aunque *lacayo* de la empresa, su poder solo estará basado en el *abuso de autoridad*, que le respalda el apoyo de la empresa. Mostrándose arrogante y prepotente en base a ello. La única forma que tiene el empleado si no quiere sucumbir a esos atropellos es, recurrir a la denuncia en el juzgado de lo social e inspección de trabajo. Y aunque las resoluciones no son siempre lo deseables que se desearía, puesto que la justicia es muy lenta y has de armarte de paciencia, por lo menos sirven para que te veas compensado en que la decisión judicial, deja desarmado al *capo,* viéndote resarcido en tus derechos laborales. Cuando vuelves después a ver al *envalentonado,* éste esquivará mirarte, porque sabe que en el fondo no ha sido más que *un puto cabrón* al servicio del mafioso **SINDACTO AMARILLO** y que ante las decisiones judiciales, se verá relegado *a meterse la lengua en el culo y callar.* Ya que la ley ha cercenado su abuso de autoridad. Ese tipo de empleado que defiende sus derechos, constituye un peligro para la empresa, ya que no *pasa por el aro* y puede contagiar a otros. O sea que lo normal es que la empresa se esfuerce por hacerlo ver a los demás, como que es un conflictivo indeseable. Eso le pasará a todo aquél que defendiendo sus derechos, no *se baja los pantalones.*

Como es obvio, no tardará mucho la plantilla en darse cuenta del juego de la empresa, que consiste por parte de dicho sindicato en*, mientras hagáis lo que yo digo, zanahoria, en cuanto os desviéis del camino, palo.*

El capo, para realizar dicha labor, necesitará de unos *esbirros* que suelen ser los responsables de equipo, que saben que serán recompensados en un futuro por los servicios prestados al *capo*, que seguirán a pies juntillas las directrices de éste, al fin ellos también hacen parte del sistema mafioso. Siendo muy conscientes de que lo que están haciendo no está bien moralmente, pero se limitan a obedecer a cambio de las regalías que obtienen en el sentido práctico con ello. Dirán, sé que estoy jodiendo a los llamados *compañeros de trabajo*, pero yo a lo mío. Siguiendo la estructura piramidal de *La Mafia* donde serán los peones que moverán sus fichas, conforme dicte el *capo*. Dicho capo enseñará una cara de persona amable, legal y en quién confiar, que te hace creer que te oye, cuando en realidad le entra por una oreja y le sale por otra. Mal saben que hay *un lobo con piel de cordero* oculto. Como nadie hace nada gratis por nada, los *esbirros* quedan protegidos bajo el paraguas protector de dicha mafia, a cambio de su trabajo sucio de mantener engañados a los trabajadores. Generalmente los mandos intermedios, suelen ser los *esbirros* de las empresas, que siguen las órdenes del *capo*, según directrices de la empresa. O sea, los *trepas* de siempre.

Habrá trabajadores que se darán cuenta de lo que hay e intentarán soslayar ese juego manipulador. Otros, sin embargo, la gran mayoría, aun dándose cuenta, preferirán hacerse los tontos y *mirar para otro lado.* Ya que el miedo es libre e infelizmente la mayoría *se caga*, cosa que les viene al dedillo a las empresas para tener controladas las reivindicaciones laborales. Que los trabajadores estén sometidos a la ley del miedo, para callar. Algunos se rebelarán ante las injusticias, mientras que *los mansos* se quedarán *en la barrera viéndolas venir*, esperando que otros den la cara y les saquen *las castañas del fuego*. Para al final, beneficiarse de la lucha de otros, sin tener que dar la cara, al fin, si nada se obtiene tampoco se han expuesto. O sea el típico *cagao* que no arriesga nada, pero a la expectativa está, si puede chupar algo de la lucha de los demás. Y que además escudan su cobardía, llamando polémico, al trabajador que lucha contra la injusticia, porque es duro reconocer que él no hace nada por miedo. Pero claro, sí que se apuntarán a los logros de los que lucharon. En todas las plantillas hay **esas ratas de alcantarilla,** que sin concepto alguno de clase trabajadora, como auténticos imbéciles que son, harán el juego que quiere la patronal, **divide y vencerás**. Y son tan gilipollas, que hacen de chivatos del **capo,** de los cuales se nutre éste, de esos informadores soplones y lameculos. Puesto que al ser un mediocre **el capo**, es la única forma de estar informado en base a los esquiroles. Y él dirá, yo no tengo la culpa que esos cretinos me hagan el trabajo.

Entre los trabajadores, también hay una clasificación con las categorías de:

Lameculos- Figura ineludible de toda empresa. Es aquél que dora la píldora a quien mande de turno, con tal de estar bien visto a los ojos de la empresa. Para obtener sus regalías o no, con tal de estar bien le vale.

Padefo- (Paso de follones), es aquél pobre de espíritu, que claudica, que pasa de reivindicar nada, con tal de no tener problemas con la empresa y compañeros. O sea es, **el que se mece según sopla el viento.** Se puede decir que es, el típico que se resigna a todo. Al fin no podemos ser todos iguales, a unos les corre sangre en las venas, mientras que a otros horchata.

Soplón- Es aquél que padece incontinencia verbal, de forma que en cuanto oye cualquier noticia que cree de utilidad para la empresa, corre enseguida a la oficina a contarlo. Aunque sea la delación de compañeros.

 El Zángano- Es la figura que no puede faltar en toda empresa, ya que es el vago empedernido, que con tal de **no dar un palo al agua**, escurrirá en todo lo posible de no hacer el trabajo que le corresponde. De forma que lo acabe haciendo otro compañero. Recurriendo a todo tipo de tretas para engañar. Debido a su **alergia al trabajo**, llegarán a producirse situaciones tensas, cuando no consiga salirse con la suya. Ya que trabajar le pone enfermo. Siempre estará escudriñando alrededor, para que no se le escape la forma de trabajar lo menos posible. O sea, lo que no hace él, que lo hagan mis compañeros. Un tío solidario, si señor.

Pelotas- Es aquél graciosillo que *dora la píldora* a todo el mundo, haciéndose el simpático, que suele caer bien a todos, aunque no sea más que pura pantalla, ya que en el fondo es un traidor que vende a su madre si es necesario.

El chivato- Es el que disfruta haciendo de soplón para la empresa, con tal de joder a los compañeros, para ser visto como un colaborador, aunque no saque beneficio alguno. Solo con joder a los demás ya se siente recompensado.

Plañidero- Es ese rastrero que no le importa humillarse delante de los mandos e ir llorando por ahí, con tal de conseguir las cosas. Aunque eso sea renunciar a su dignidad. No le importa, solo busca su beneficio propio, aunque redunde en perjudicar a terceros.

Chupóptero- Es ese trabajador, que se afilia al **SINDICATO AMARILLO** de turno de la empresa, consciente de que es la fórmula, de protegerse y así poder **"trepar"** en ella. Le da igual cómo le vean sus compañeros, es el típico egoísta, que solo piensa en él y a los demás que les den. Aunque venda la imagen que lucha por los demás, en el fondo es su interés propio el que prima sobre todo lo demás.

Palmero- Es aquél que aplaude todo lo que venga dictado por la empresa, como si fuese un autómata. Sin pensar o juzgar si está bien o mal siquiera para sus propios intereses. Sigue a pies juntillas lo que le dice la empresa, "a ti se te paga por trabajar, no por pensar".

Topo- Es el trabajador que hace de informador de la empresa encubierto. Pasándole a ésta, todo lo que sea de su interés para tener controlados a los empleados. Utiliza las nuevas tecnologías, como redes sociales o hacer grabaciones ocultas de los **"compañeros"** para con dichos datos pasar de forma automática, la información. Suele aparentar ser buena persona, caer bien a los demás y tener buenas dotes de manipulación y así ganarse la confianza de los demás, para así lograr la información, para cumplir con el cometido que le asignó la empresa.

Pedigüeño- Es aquél que solo hace que vivir pidiendo a los demás, bien sea a la empresa o a los compañeros, ya que su meta es, la primacía de sus intereses, por encima de todo lo demás. No le importa que le vean como un arrastrado y perder su dignidad, con tal de lograrlo, es un ser que desconoce lo que se llama dignidad humana.

Botarate - Correa de transmisión entre la empresa y el trabajador, es ese tonto que se cree valorado por la empresa, cuando no es más que una marioneta, utilizado por la misma. Por supuesto, dará órdenes sin pensar si es justo o no, ya que el mismo se considera un mandado, que no le pagan para pensar. Suele ser una persona de perfil cultural bajo que, se siente agradecido en que la empresa le haya confiado la tarea, por muy ignominiosa que sea. No es consciente que solo le usan como un títere, aunque él se cree que es por deferencia hacia su persona.

Palanganero- Es aquél, que se comporta como un siervo que, hace la labor por terceros, haciendo de mal metedor y cizañero entre los compañeros. Siendo raro el compañero que se da cuenta de ello, normalmente pica en el anzuelo del palanganero.

Dentro de esa pléyade de nauseabundos empleados, están esos falsos, que te sonríen mientras están estudiando la forma de darte la puñalada. Suelen ser unos amargados de la vida, que su frustración les hace "escupir veneno" para todos los lados.

Llevará un tiempo, para que llegues a hacerte con toda esa *calaña oculta*. Pero al final, acabarás *viéndoles el plumero,* por muchas dudas que te ofrezca alguno. Pero infelizmente muchos aun dándose cuenta, mirarán para otro lado, con tal de no quedar expuestos a los ojos de la patronal.

Cosa que te obligará a decantarte por una de las dos opciones, ser una persona íntegra y no dejarte contaminar o ser un asqueroso hipócrita. La mayoría de los empleados, se decanta por ser un hipócrita. Se consiguen más cosas y no sufren, eso creen. O sea es una situación más práctica y cómoda, de no meterse en problemas, diciendo amén.

Es una tristeza, pero infelizmente el ser humano, solo sabe funcionar bajo la ley del látigo. Y pocos son aquellos, que saben comportarse de forma autodidactica. Si les dan el dedo, se toman el brazo, en una manera clara o encubierta en la que hay una lucha constante entre patrón y empleado. El primero, como todo valor fundamental de cualquier negocio, es obtener beneficio, o sea cualquier medida es válida con tal de lograr ese enriquecimiento.

El patrón, intentará sisar el sueldo del empleado de una manera encubierta, para ir engordando su cuenta bancaria. También intentará escurrir el bulto sobre las cotizaciones, teniendo al empleado sin dar de alta o cotizar menos de lo que corresponde en la Seguridad Social. No siendo raro, que algún empleado que no lleva un control sobre sus cotizaciones, se lleve la sorpresa, de que no han cotizado por él, todo el tiempo que ha trabajado en su vida. Como solo vela por los intereses de su empleado, le ofrecerá trabajar como autónomo. Así cuando quiera **darle una patada en el culo,** no tiene que pagarle indemnización, es echarle y ya está. Tenerlo como un falso autónomo. Vamos la corrupción en toda regla. Si en este país hubiese más inspección, aflorarían todas las irregularidades que esconden el dinero negro.

Entre las otras lindezas que intentará están, falsearle el contrato, haciéndole firmar ya al entrar su despido voluntario sin saberlo. Engañarle en todas las cláusulas que le dé ocasión. Hacerle firmar un documento, donde reconoce la deuda de X dinero, en trabajos en que el dinero efectivo pase por sus manos, como garantía por si intentase robarle algo. La empresa también cuenta con otros elementos para tener subyugados a los empleados.

Los responsables de equipo

Figura que existe en las empresas, para hacer cumplir las órdenes dadas por la empresa. Por desgracia la inmensa mayoría no están nombrados por su valía, sino que son recomendados, enchufados de turno; etc. Quien los nombra es el *capo,* que los nombra a dedo, siendo personas que asumen su papel sumiso de limitarse a obedecer y decir amén. Se suele utilizar la palabra *jefe* en lugar de responsable de equipo. Como que da más sensación de autoridad, como en las películas de vaqueros, donde aparece el *jefe de los indios*. A parte de ser nombrados por *él,* deberán reunir otros requisitos ineludibles, que es, ser afiliado del *sindicato amarillo* de la empresa, ser sumiso y decir amén a todo lo que dice el *capo*, sino, no reunirá las condiciones exigidas para ser elegido o en su defecto, si fuese designado y después no cumpliese ese perfil, será defenestrado.

La empresas, tratarán de hacerse con los *responsables de equipo*, que ya siendo de por sí, nombrados a dedo, los tentará comprándolos. A los que corrompe a cambio de ciertas regalías como son el haber sido nombrados *delegados sindicales,* bien a dedo o en elecciones sindicales manipuladas, donde todo aquel que se presente como candidato que no sea del *sindicato amarillo,* no tendrá todas las prebendas, para exponer sus ideas. Llegándose inclusive a prohibirles que hablen con los trabajadores de cara a las elecciones sindicales, para así tenerlos pillados por *los güevos.* Ya que dónde se ha visto, que un delegado sindical sea al mismo tiempo responsable de equipo. O estás con los trabajadores o estás con la patronal. Pues así sucede muchas veces, aunque sea una incongruencia. Es la treta con que juegan las empresas, yo te nombro responsable de equipo y tú harás todo lo que yo te diga, a cambio, sea justo o no. Cosa que por desgracia, acaban haciendo la inmensa mayoría, sin cualquier tipo de escrúpulos. No les importa, ser meras marionetas manipulables. Pero así es el mundo, los intereses propios priman sobre la integridad de las personas. Y lo peor de todo es, que cuando tienen que dar la cara, son los primeros en desaparecer.

Ya que muy pocos tienen la integridad para no sucumbir a tal juego sucio. Y como el egoísmo es lo primero en el ser humano, dirá…Mejor que yo saque tajada aunque sea a cambio de *joder a mis compañeros*, que ser un *pringao* sin regalía alguna. Dentro de esa corruptela está, el tener que tener mucho cuidado todo aquél que no quiera someterse. Porque es obvio que mucha sonrisita, mucha buena cara, mucha amabilidad, mucha atención; pero en el fondo hay oculto **un basilisco.** Al servicio de la empresa y en cuanto te la pueda jugar te lo hará, sin pena ni contemplación. Siendo así que, aunque son conscientes que están rodeados de hipócritas, casi todos siguen el circo.

Los delegados sindicales

Figura que tiene la función de servir de enlace entre los trabajadores y la empresa, para la transmisión de las demandas de los trabajadores a ésta. O eso debería ser, pero en realidad, son meros comparsas de las empresas, supeditados al servicio de los intereses de éstas.

Y es la pescadilla que se muerde la cola, ya que, los sindicatos no consiguen autofinanciarse solo con las cuotas de sus afiliados, ya que infelizmente en la clase trabajadora hay poca conciencia de clase. Por eso para subsistir los sindicatos tienen que contar con la subvención del gobierno. Lo que coarta su libertad de acción de alguna manera, al estar condicionados por dichas subvenciones. Por desgracia los "liberados" tienen muy mala prensa, pues aunque hay algunos honrados, la mayoría de ellos, están en el puesto, por beneficio propio. Al fin y al cabo son rehenes de la empresa, esto es, si alguno resulta molesto para ésta, ya tratará por todos los medios de deshacerse de él. Por eso, lo general es que unos sean simplemente unos *"hombres de paja"* o en el mejor de los casos una persona dócil que no se mojará más allá de lo que le permite la empresa. Las horas sindicales, por desgracia, muchos de ellos las utilizarán para realizar cosas propias ajenas al sindicato.

Algunos de ellos, tienen la condición de *liberados*, o sea que no tienen que trabajar en su empleo, sino que se dedican a realizar labores sindicales, o eso debería de ser. Aunque muchos lo único que hacen es vivir muy bien, limitándose a hacer todo aquello que le indica el **SINDICATO AMARILLO.** El tiempo que dedican a hacer horas sindicales algunos, que casualidad que muchos lo dedican en fines de semana. Para así justificarse y ni aparecer.

En teoría deberían ser aquellos nombrados democráticamente para defender los derechos de los trabajadores. Pero la realidad es muy distinta. Como por desgracia, siempre habrá la figura del **SINDICATO AMARILLO** que está para servir a la empresa en detrimento de los trabajadores, en ese toma y daca entre sindicato y empresa.

La mayoría están nombrados a dedo por las empresas, a través del **SINDICATO AMARILLO** como *hombres de paja*, al servicio de la empresa sin voz ni voto. Sirven de correa de transmisión de las reclamaciones y reivindicaciones de los trabajadores con la empresa. Aunque su efectividad sea simplemente nula, pues saben que su función es obedecer y aplicar lo que le dice el **SINDICATO AMARILLO** de la empresa. Pero no les importa, ellos están por su propio interés, por lo tanto no les importará para nada, que tengan que decir amén, a todo lo que le diga la empresa, aunque sea algo ilegal. Donde harán todo lo posible por boicotear la presencia de sindicalistas que no sean afines a la empresa o sino, simplemente no hacen nada. Ya que raro es aquél que escapa al chantaje de ésta. Aunque pertenezca a un sindicato que no sea el *amarillo*. Por ejemplo, cuando hay elecciones sindicales, la empresa pondrá todos sus medios a través de sus *esbirros* para boicotear a todas las personas que no sean afines al **SINDICATO AMARILLO.** Algunas veces, aun siendo conscientes de ello, se sienten atados de pies y manos, haciendo la vista gorda. Esos de dicho sindicato, son esos que solo aparecen a darte *la tapita en la espalda* cuando hay elecciones sindicales y en cuanto estas pasan, desaparecen. Y si te he visto, no me acuerdo. Algunos son tan cínicos que te llegan a reconocer que solo son delegados sindicales, por su propio interés. Los pocos dignos de mantener su integridad, serán sometidos a todo tipo de atropellos, como enemigo a batir por la empresa, siendo víctimas de todos los desmanes posibles. Partiendo de una pura realidad absurda, ¿de que cómo se puede ser responsable de equipo y delegado sindical a la vez? O estás para defender los derechos de los trabajadores o estás para seguir las directrices de la empresa. Pero les da igual, miran para otro lado y ya está.

Al fin y al cabo, la inmensa mayoría de las personas acaba pasando por la corruptela con tal de trepar en las empresas y si hay que vender, venderán **hasta a su madre**.

Ese es el mundo idílico laboral, en el que estás rodeado de nauseabundos egoístas que van a lo suyo, sin tener miramientos de si está bien o mal. Al fin en la jauría de éste mundo, la competitividad será el pan de cada día, donde los fuertes y sin escrúpulos, tratarán de subyugar a los débiles de carácter, que a través de la ley del miedo sucumbirán a callar y seguir de manera resignada. Perfil idóneo del buen empleado para las empresas.

La lucha dual

En el ámbito general, se suele tener la idea, de que el malo de la película es el asalariado. Culpándosele a éste de todos los males. Aunque la realidad sea otra muy distinta, ya que, entre otras lindezas, las empresas hacen:

1) Sisarle siempre que pueda de sus honorarios, de forma que si no está éste muy atento eso ocurrirá, al soslayarle derechos que le harían tener derecho a dichos devengos.
2) Engañar al empleado, haciéndole por ejemplo firmar su liquidación soterradamente voluntaria, al momento de firmar su contrato. No desconfiando éste, que antes de entrar ya le pueda estar haciendo eso.
3) Algunos trabajadores a la hora de jubilarse o tener que coger una baja, se enteran que no han cotizado por ellos, todo el tiempo que creían.

4) Tener horario para entrar pero no para salir, no pagándole las horas extras correspondientes, no respetarle todos los festivos que le corresponden; etc.

5) Tenerle sometido al acoso laboral al empleado, como forma de castigo, por atreverse a reivindicar sus derechos laborales.

Hay que tener claro una cosa, una empresa es una entidad mercantil que se constituye para obtener beneficios. Por lo tanto, cuanta más ganancia, mayor enriquecimiento. Sabedora que los atropellos laborales que constituye su modo de ser y que solo serán denunciados por un pequeño número de trabajadores, es ganancia segura, con lo cual continuará infligiendo dichos derechos, que como mal menor, será tener que pagar una multa. Al fin saben que compensa, a la vista de la cantidad irrisoria que se atreve a denunciar. Por eso, muchas veces, la propia empresa les dice, si no está conforme, denuncia. Ya que son muy conscientes que se cagan la mayoría y no moverán un dedo ante los atropellos. Que lo más normal es, que hagan como todos, callar y mirar para otro lado y seguir sometiéndose.

Es muy triste pero esa es infelizmente la mayoría imperante en las empresas y como ellas lo saben, continúan con sus desmanes con manga ancha.

La Política

La finalidad de la política es, velar por la defensa de los derechos y reivindicaciones de los votantes que han depositado su confianza en el político que de manera totalmente altruista defiende la pureza de sus ideales, de manera noble ajena a cualquier interés.

Por desgracia, la política ha pasado de ser una forma de defender los derechos sociales frente al pueblo; a pasar a ser lugar de enriquecimiento de esos golfos, que la usan como trampolín, como modo de hacerse ricos y trepar socialmente.

La política ha sido utilizada como un medio para tener en cierta manera subyugado al pueblo, según los intereses del que manda. Por eso de una manera o de otra, inclusive los regímenes comunistas, que en teoría son para repartir la igualdad entre el pueblo, con el paso del tiempo esa clase de burócratas, se acaban instalando en una dictadura mal llamada del proletariado. Donde pasan a ser los gerifaltes, que viven con toda clase de lujos, mientras que el pueblo pasa mayores o menores necesidades. Y desde su posición de poder ejercerán su poder férreamente, teniendo controlada al máximo, cualquier iniciativa que se escape a sus dictados. Ejerciendo inclusive el terror con los medios más maquiavélicos, para mantener al pueblo bajo su yugo.

El paso del tiempo ha demostrado el fracaso de ese sistema de concentración dictatorial. Donde la falta de iniciativa privada, ha estimulado la falta de inventiva, haciendo sumir al pueblo en la desidia generalizada, ante la falta de incentiva.

Por otro lado, ha estado la corta experiencia del anarquismo, que pregonaba la falta de un poder dominante. Frente a la autogestión, pero el tiempo demostró el fracaso de esa colectivización autogestionaria. Ya que aunque la pureza de los principios era idealista, el comportamiento innato egoísta del ser humano impidió que prosperase. Confirmando que el ser humano, necesita forzosamente sentir "el poder del látigo" para obrar y obedecer. De lo contrario, sería un desastre, queriendo cada cual hacer lo que le viene en gana a su libre albedrío.

Ya no existen esos políticos idealistas, que en defensa de sus ideas, llegaron inclusive a pagar con sus vidas, en defensa de su honorabilidad. Y si los hay, son un mero residuo.

Hoy el caso es hacer carrera en la política, con el único y exclusivo interés del beneficio propio. De esa forma, cuando saltan los casos de corrupción, prevaricación, son los primeros en tratar de escabullirse, a base de sobornos económicos e influencias políticas, que les saque las *castañas del fuego*. No les importa para nada quedar como unos canallas o sinvergüenzas. Cómo la gente no es tonta, muchos vienen de otros países a hacer carrera política, dando consejos a los naturales del país, manda *güevos*, que un foráneo te tenga que decir como tienes que obrar en tú propio país. Pero en fin, esos no tienen la culpa de que seamos tan idiotas, que no nos demos cuenta que ellos vienen a pillar cacho.

En un país donde los mayores males son el nepotismo y enchufismo y el amiguismo, el caso es colocar a todos los *amigos o familiares*, en puestos cómodos y seguros de por vida a dedo. No teniendo en cuenta las aptitudes o valía de la persona, sino ejerciendo el más descarado ejemplo de nepotismo. Por eso lo natural es, que muchos de los que aprueban oposiciones, te digan cuando les preguntas, que han aprobado por méritos propios, que son a saber…

-Nepotismo, algunos empleos pasan de unos familiares a otros familiares automáticamente. Ya que aunque se convocan unas oposiciones para cubrir las plazas, estas ya están amañadas y no pasan de ser un mero paripé para dar una imagen de legalidad. Y como a la inmensa mayoría les jode reconocer, que ha sido un "enchufado", te sale con eso, cuando en realidad ha aprobado por alguien de la familia. Quizá no han tenido suficiente, haciendo uso de su poder político, al acabar esa etapa, su partido les situara en altos cargos en empresas punteras, para que así logren sueldos millonarios que les asegurarán tener una jubilación alta, llena de prebendas. Y de paso callar y no sacar *los trapos sucios*, con el típico *voy a tirar de la manta*.

Cuando salta algún caso de corrupción, nadie ha sido, conocedores de que su partido les salvará la cara, al haber sido testaferros para sus intereses. Y si la cosa es tan evidente, que no hay por donde negarlo, éste implicado amenazará.

Y como sabemos que la justicia **es *igual para todos***, al final si tienen que ser condenados, lo serán con unas penas irrisorias que cumplirán, si es que no sale un indulto. Así vivimos en un país, donde la corrupción es el día a día, ante la impunidad que hay. Acaso si no hubiese la oportunidad de ***meter la mano*** la gente se iba a mojar, por un simple sueldo, pues evidentemente que no.

Ser político hoy es, buscar la forma de poder adueñarse de lo que no corresponde, amparándose en la legalidad, de haber sido elegido democráticamente por el pueblo. Para robar, cobrar comisiones, amañar contratos, prevaricar, enchufar; etc. Desconocedor el pueblo que ha metido **a**l ***zorro en el gallinero*** con sus votos. Resumiendo la inmensa mayoría lo ve como la forma más rápida de hacerse rico. En base a sobornos, corrupciones y el nepotismo de situar en puestos claves a la familia, como hacen en la mafia.

Los chanchullos posibles con tal de obviar obligaciones

El ser humano, corrupto por naturaleza, solo es capaz de funcionar medianamente, si tiene el peso del látigo encima. Ya que si no, la picaresca aflorará para eludir toda obligación posible a base de usar artimañas. Con el concepto de que ser honrado es de tontos y ser un sinvergüenza es de listos.

Llama la atención, que a muchos, envidian el nivel de vida de los países nórdicos. Pero no se paran a pensar, por qué es la diferencia. Y es ni más ni menos, porque son muchísimo menos corruptos, de manera que pueden optimizar mucho más sus emolumentos, ofreciendo un estado de bien estar incomparable. Ya que mientras aquí se trata de ratear, corromper y robar hasta el último céntimo, ellos no escatiman en pagar por su bien estar.

Entonces su ideal, el de los corruptos, es poder instalarse en uno de esos países, para que con su mentalidad corrupta, puedan disfrutar y vivir como auténticos parásitos del sistema. A cuenta de lo que han labrado aquellos que no piensan así, o sea, déjame instalarme donde los demás lo han hecho, que ya llegaré yo para intentar aprovecharme, corrompiendo.

Ya que en su mentalidad mediocre, no hay momentos de reflexión, de por qué allí se vive tan bien. Seguramente pensará que es fruto de la casualidad y no de su buen hacer. Al fin, no pueden pararse a pensar, sino simplemente añorar poder usufructuar la labor de esos países.

El egoísmo del ser humano

Resulta curioso que haya gente que no ha tenido hijos, sin embargo se preocupe por tener su pensión de jubilación futura. Cuando con su decisión voluntaria de no tenerlos, ellos mismos tienen parte de culpa en ese problema de las pensiones, pero no se paran a pensar, viven el presente. Ya que son personas, que han tenido muy claro en su egoísmo, que pasan de tener hijos, para que no sea un impedimento en su disfrute del buen vivir. Eso sí, te saltarán con la excusa que son tiempos difíciles. Pura excusa, porque nunca se ha vivido mejor como ahora. Nuestros abuelos y padres tenían hijos en condiciones mucho más adversas y salían adelante. Pero claro esos desnaturalizados de hoy, no te lo van a reconocer nunca, de cuál es la razón para no tenerlos, es ni más ni menos que no quieren pasar trabajo ni mermar su calidad de vida que vaya a repercutir en vivir a su libre albedrío. Te pondrán la excusa, que para tenerlos, hay que poder ofrecerles una vida a cuerpo de rey. Eso sí, ya que se vive muy bien follando, viajando, pagando hipoteca, jugosa cuenta bancaria, que para qué se van a complicar la vida, criando un hijo. Pagar y vivir a todo tren sí, pero dinero para criar un hijo no hay. Y en todo caso, si tienen, tendrán uno para saber cómo es eso de criar ***un muñeco*** y así justificarse, de que ya han cumplido. Pero para tener coche, moto, barco, piso y chalet en el campo y vivir a cuerpo de rey se harán todos los sacrificios que sean necesarios.

Pero eso sí, sin querer pasar el trabajo en crear ese trasvase generacional, que asegure que haya una masa activa para cubrir las pensiones de la masa pasiva. Cada vez que salte el tema de la precariedad del futuro, te dirán que están preocupados por ***su pensión.*** Cómo diciendo macho, yo pasé de tener hijos para vivir a la bartola, pero si cuento, que con los que has tenido tú, se pueda dividir esa pensión que pagarán tus hijos, para cobrar yo la mía. Cuanto cinismo egoísta. Y si les planteas el caso hipotético, de que las personas que no han tenido hijos, deberían sufrir una reducción en su pensión de jubilación, puesto que no tuvieron gasto alguno en su crianza; te dirán que ni hablar, que si tú fuiste tonto y los tuviste, problema tuyo, que ellos quieren cobrar igual que tú, a cuenta de los hijos que tuviste tú. La vida ya se sabe, dios por todos y cada uno por sí. O sea, aunque no haya quién venga de relevo para pagar las futuras pensiones, pensarán, ya pintará el gobierno los billetes para pagarlas.

Los chanchullos con tal de pagar menos

La mente del ser humano, enseguida se pone a funcionar, para buscar la forma de evitar cumplir con las obligaciones, que le vayan a afectar el bolsillo.

Si uno puede poner el seguro a nombre de cualquier familiar, inclusive si es minusválido, lo hará, siempre que le salga más barato. Pedir medicinas a cuenta de los abuelos jubilados para no pagar. O sea corrompiendo siempre hasta la medula. Y lo mejor de todo es, que le trae al pairo, que le vean como un golfo, él a lo suyo, o sea el sentido práctico ante todo. Aquí de lo que se trata es de ahorrarse el dinero, aunque sea a costa de usar principios nada éticos. Y es más, aún te dirán, oye por qué no lo voy a hacer yo, si lo hacen los demás. Como dando por sentado que ser un golfo es sinónimo de ser listo, mientras que ser honrado es sinónimo de ser tonto, para ellos. Así nos va en esta sociedad, donde ya se ha asumido que es completamente normal ser corrupto. Esto es, cada cual a por lo suyo, sin tener cualquier tipo de escrúpulos sociales.

Igual sucede con los seguros o pólizas que se tratan de poner a nombre de una persona de edad o minusválida, con tal de que así le salga más barato. Como el carnet de conducir, para no sufrir la penalización de que el seguro salga más caro, por ponerlo a nombre de un novel.

Las oposiciones

Las oposiciones, siempre fue una forma ambicionada de lograr un puesto de trabajo seguro de por vida. Aunque siempre tuvieron el perfil, de que los que optaban a ellas, eran personas pobres de espíritu.

Las oposiciones estatales, como no podía ser de otra manera, no quedan exentas del *enchufismo*. Teniendo un filtro muy particular en muchas de ellas, como son, el llamado ***perfil psicológico idóneo.*** Por ejemplo después de superar las pruebas teórico prácticas con muy buena nota, hay que pasar por la criba del psicólogo. Que a modo de **"dios",** decidirá si una persona reúne o no las aptitudes para el puesto. O sea que aunque hayas sacado una nota alta en los exámenes anteriores, esto no es garantía de nada. Puesto que será el psicólogo el que dará el veredicto final. Ahí es donde entran los *enchufados* en juego. Ya que este *dios*, recibiendo instrucciones de sus superiores, dará el sí o no, en el aprobado final para ocupar la plaza. De modo que, aunque uno por ejemplo haya sacado la nota máxima en las pruebas teórico prácticas, en caso de necesidad de meter al *enchufado* provocará que otro con una nota mucho más baja, entre. Que sería sino de los inútiles, si no tuviesen esa opción del *enchufe*.

Otra forma de entrar también, es a través de los llamados interinos, que en el fondo, no son más que *enchufados*, que por medio de algún *enchufe* fueron llamados en su día para ocupar una plaza como tal. Eso les sirve como trampolín, para conseguir con muchísima más facilidad optar a la plaza definitiva como funcionario, puesto que o bien contarán con la regalía de contar con más puntos para su baremo, por su tiempo como interinos. O sino, concurrirán a unas oposiciones restringidas, que les dará preferencia para conseguir plaza, sin tener que concurrir como los demás mortales. Vamos, que son unas oposiciones, a la carta para meter a todos los enchufados y recomendados de turno.

¿Y cómo se llega a interino? Pues recomendado por alguien. La putrefacción extendida por doquier.

También hay, aquellos que compran monetariamente su plaza de funcionario, por la cantidad estipulada por aquél que tiene la potestad de meter a los que paguen.

Obviamente esos *enchufados,* en muy raras ocasiones reconocerán que contaron con apoyo para optar al puesto. Lo más recurrente y usado es, que cuando les preguntan, responderán que entraron *por méritos propios.* Faltaría más que alguien pudiese dudar de su capacidad.

En los tiempos actuales, aunque eso del *enchufismo* siempre existió, ahora se ha acrecentado mucho más, haciendo que haya una lucha, no por llevar *enchufe* o no, sino por la lucha entre los *enchufados* de quien lleva un *enchufe* con más poder.

El mayor coladero de enchufismo, lo constituyen los ayuntamientos, donde el principio de nepotismo está extendidísimo. Allí el alcalde ejercerá como ser todo poderoso, colocando en puestos relevantes o no, a toda su familia en primer lugar, después a los conocidos recomendados y por último a los que compran su plaza a cambio de ejercer como súbditos del gran cacique (léase el alcalde).

Resumiendo la mayoría de las oposiciones tienen manipulación, ganándolas aquellos que vienen recomendados. Así funciona en el país de los padrinos. No el que más vale, sino los "enchufados". Sino qué sería de todos esos ineptos en su vida, si no contarán con "el enchufe".

Eso sí, esa es "una verdad como puños", que todo el mundo sabe que pasa. Pero esa realidad sigue a la sombra, ya que muy pocos serán los que reconocerán que tienen su empleo por enchufe.

Las compras en las tiendas

Si uno es un poco observador podrá comprobar como el ingenio humano es inabarcable. Lo que ha hecho que los negocios hayan tenido que aumentar sus medidas de seguridad para luchar contra ese gran animal depredador, llamado humano.

Antes, era normal que las personas entrasen en una gran superficie, que al estar menos vigiladas por sus dimensiones, permitía que los clientes, cómodamente intercambiasen las etiquetas de los productos, asignándole al producto de su interés la etiqueta de otro de menor precio. De forma que al pasar por caja, la cajera que tiene que ir pasando toda la compra, no se apercibía de dicha tetra. Hasta que claro, llegó un momento, que se dieron cuenta de la jugada, empezando a ponerles a las prendas un código de barras o chip, para intentar subsanar la trampa. Pues las cosas acaban cayendo por su propio peso y se veían abrigos de visón con un precio muy rebajado, televisores, etc.

También era natural, comprobar, como muchos papás, al ir realizando la compra, le diesen al niño en cuestión, un paquete de chucherías o chocolatinas, para que no les diesen la tabarra. Y al finalizar la compra y acercarse a caja, dejar el envoltorio vacío posado en una estantería. Para eludir pagarlo.

En muchos artículos que se venden al peso, si observas a un humanoide sirviéndose, podrás comprobar como retira las hojas que recubren las coliflores, los troncos del brécol, al fin de aligerar el peso del producto, para así pagar menos. O en su defecto, poner la bolsa a pesar con menos contenido y una vez sacada la etiqueta que marca el peso, añadir más producto y cerrar la bolsa. Lo que demuestra a qué punto llega la mezquindad del ser humano. Cosa que ha provocado que la venta a granel, haya dejado de usar las básculas, donde el propio cliente pesaba el artículo. Para evitar el hurto, se pesan las cosas ahora al pasar por caja.

También está el truco de comprar un artículo exactamente igual a otro que ya tiene en casa gastado, quedándose con el comprado y devolviendo el usado con el tique del recién comprado. Ya sabes, con eso de que cualquier artículo se puede devolver en el plazo de 15 días. O sino, hacer que devuelves un artículo que en su día venia tenía la promoción de llevar otro de regalo, quedándose con este último.

Y también se hace, aunque ahora es mucho más difícil, entrar con unas zapatillas, sandalias o playeras viejas, acercarse al lineal, dejarlas allí y ponerse las nuevas para probar y si saben que les quedan bien, como al ser productos de bajo coste, no suelen llevar chip, salir tranquilamente de la tienda luciendo las nuevas, dejando las viejas para que el de la limpieza las tire a la basura.

Otra costumbre de los humanos es, comprarse una prenda de alto valor adquisitivo, para fardar en una boda, fiesta de fin de año, graduación; etc. Dejando con la boca abierta a los presentes que les rodean. Y como por lo general hay un plazo para la devolución del artículo, pues van tan frescamente a la tienda y devuelven la prenda una vez cumplida la función.

Y así en un sinfín de cosas, en que la mente que es muy lista para todo lo que sea la pillería, dará rienda suelta.

Las citas médicas

Seguro que a más de uno le habrá pasado, que estando esperando un buen rato, de repente llega alguien y pasa a la consulta, saltándose por todo el morro a los demás presentes. Es aquél que viene recomendado por un médico o enfermera. No le van a hacer esperar como a *todo hijo de dios,* no.

Si tienes que hacer una consulta o una operación, no dudes que habrá *quién* podrá alterar el orden de lista de espera, de manera que al conocido se la adelanten, mientras que al vulgar de los mortales, le tocará esperar largamente la fecha señalada. Y así en un largo; etc. De cosas más raras que pasan en la sanidad. Como hemos visto en algunos personajes públicos muy conocidos, que ante una misma dolencia de gravedad, en cuanto les dan el diagnóstico tardan una semana en pasar a quirófano, mientras que el *pobre mortal,* le toca aguardar tres meses como mínimo sino más, aun teniendo la misma gravedad su dolencia. Pero ya se sabe, esto es, un cada uno por sí y dios por todos. De forma que ese margen de tiempo, puede ser determinante, en que uno pueda seguir vivo o no. Ya que por ejemplo en un cáncer, quizá en el momento del diagnóstico, el tumor se encuentra encapsulado, pero tres meses después o más, lo más probable es que éste se haya liberado extendiéndose por el torrente sanguíneo, con lo cual las posibilidades de cura se habrán reducido considerablemente.

Pues seguro que alguna vez, habrás recibido una llamada telefónica, avisándote que tu cita se ha pospuesto por motivos de agenda. No te engañes, lo que ha ocurrido es, que alguien con poder para ello, ha modificado retrasando tu cita, para beneficiar a algún familiar, colega o conocido.

Pero así funciona esto, el principio de equidad no existe y el funcionario que tiene la potestad de poder alterar el orden, carece de escrúpulos.

El aprobado previo pago

Por increíble que parezca, pagando se aprueba en todos los niveles educativos. El poder del dinero, hace que puedas caer en manos de determinados profesionales que dejan mucho que desear. Pero a la gente con tal de aprobar, le da igual aunque sea pasando por debajo de la mesa. Y prueba de ello son, los escándalos que saltan en las noticias de vez en cuando, de los masters que se aprueban sin comparecer a hacerlos o que han sido plagiados en sus tesis. No importa, lo importante es fardar, de todo aquello que sea posible.

Así es el ser humano, solo desarrolla la pillería, para todo aquello que tenga que ver con lo monetario. Como llevan *las orejeras* puestas, poco más de su entorno, se fijan.

Seguro que, habrás oído a más de uno decir, que le gustaría trabajar y vivir en los países nórdicos, por su tren de vida. Eso sí, no se paran a pensar por que viven mejor. Pensarán que allí el dinero cae de los árboles, pero poco les importa, ellos solo piden que les pongan donde lo hay, que ya se encargarán ellos con su mente corrupta, de beneficiarse de todas las ventajas que se le ofrezcan, sea a través de medios legales o no.

No se paran a pensar porqué viven mejor. Y la razón es, que son muchísimo menos corruptos que nosotros. De forma que, el dinero que nosotros tenemos que gastar en someter a la sociedad a un férreo control anticorrupción, ellos lo optimizan para tener un nivel de vida mejor.

Según el concepto que se tiene, éste país es el de los listos, ya que si alguien hace algo indebido que le reporta réditos, lo normal es que los demás hagan lo mismo, puesto que es de listos. Mientras que otro, si no lo hace porque entiende que es algo amoral, dirán hay que ver que tonto es. Ya que infelizmente la mayoría de las personas carecen del principio de integridad.

Hemos alcanzado tal nivel de indiferencia, que nos importa todo un bledo, con tal de que a nosotros o nuestros allegados les vaya bien. Por eso así nos va en esta sociedad tan endurecida, en que los principios de honradez, respeto y consideración se han devaluado totalmente. Al punto de que nos comportamos como hienas devorándose unas a otras.

Enchufismo, nepotismo y amiguismo

En algunos casos, te encontrarás con el típico empleado que entró cuando tú y ahora poco más y ha metido a toda la familia en la empresa, los hermanos con sus respectivas parejas, los padres, los abuelos si aún están en edad laboral, los amigos y los conocidos. De forma que se llega a formar un clan dentro de la empresa. Para lograr eso, se exige una concienzuda labor, de visitas a la *oficina.* O sea, que como nadie hace nada gratis, eso tendrá su peaje, que es que le exigirán que a cambio haga de figura soplona.

Por eso hay que tener en cuenta, de tener especial cuidado, ya que seguro que entre los que nos rodean hay soplones. Cosa que siempre existió, pero que en los tiempos de crisis se acentúa. Lo que aumenta la necesidad, fomentando que el número de soplones sea mucho mayor.

Pero como la corruptela anda al orden del día, ya se ha asimilado como algo natural.

También hay oposiciones que se aprueban a golpe de talonario. Y el mayor vivero de caciquismo es, en los ayuntamientos, donde ahí en mayor o menor medida, todos opositan por "enchufe", recomendación, pago de favores; etc.

Dentro de toda esa podredumbre de corruptela, donde a más de uno le habrá pasado preguntar, ¿cómo puede este inútil haber aprobado? Cosa que tiene fácil respuesta, ya que no son todos los que están los que deberían estar, sino dónde se metería a los inútiles. Es más, si hipotéticamente se despidiese a los ineptos, te aseguro que más de una empresa, se quedaría vacía. Así como si se despidiesen a todos los "enchufados". De tal forma se podría decir que un 95% de los que nos rodean en el trabajo, se puede decir que están ahí, no solo por sus méritos.

Ese es el mal endémico de muchas empresas, que en lugar de nutrirse de las personas realmente válidas, se nutren de esa bazofia de inútiles. Que generalmente todos aquellos que están por debajo del nivel del *Capo* que tiene el poder de contentar. O sea todas aquellas personas, que bien por dotes, nivel educativo, características psíquicas, el vea que le pueden hacer sombra, las descartará o tratará de deshacerse de ellas en la plantilla. Ya que a él, solo le hace falta gente sumisa, que piense poco y que no reivindique nada. Por eso muchas empresas tienen una gestión nefasta, que basadas en el nepotismo, enchufismo y amiguismo, las lleva a la quiebra, cuando la acumulación a través del tiempo de toda esa patulea de inútiles, provoca el colapso.

El caciquismo

El mayor vivero de caciquismo en la sociedad, lo constituyen los ayuntamientos, ya que el alcalde sobre todo en las localidades más pequeñas, esa figura política más cercana a los vecinos. Éste de manera indirecta, sabe que puede tener subyugados a sus parroquianos a cambio de favores.

Eso conlleva a que todos aquellos "lameculos" sean votantes fieles del alcalde de turno, ya que saben que todas sus prebendas estarán condicionadas a su figura.

En las localidades más grandes, los tentáculos del alcalde se extenderán a sus concejales y así sucesivamente, hasta llegar al menor escalafón que pueda ejercer de correa de transmisión influenciable junto "al cacique".

Pues innumerables serán las peticiones de favor que le harán llegar a éste. Como, a ver si le puede dar un empujón a mi hijo en las oposiciones al ayuntamiento; o debido a sus contactos, a ver si me puede ayudar a que mi familiar consiga una plaza como empleado, en el hospital; mire si me puede buscar una colocación en la diputación a mi hijo, que acabó la carrera de abogado; etc, etc.

Eso sin contar con los favores de hacer la vista gorda ante una irregularidad, quitar una multa, aprobar con trato de favor un concurso y así en un infinito reguero de cosas.

Evidentemente, estos favores seguirán un orden prioritario, primero serán los familiares, después los allegados y por último los conocidos. De ahí que en los organismos públicos, estén llenos de personas unidas por vínculos familiares, en el más descarado ejemplo de nepotismo. Por eso son innumerables los regalos interesados que recibe *el cacique*. De todos esos "pelotas", que esperan así comprar el favor.

Con ese servilismo interesado, *el cacique*, se asegura su subsistencia en el cargo. Pues saben muy bien *sus pelotas*, que todas sus prebendas dependerán de su permanencia en el tiempo.

Y así regirá ese intercambio de favores mutuos, entre "el cacique" y sus súbditos. En el cual éste, es como si dijese, *si queréis lograrlo, me la tenéis que comer*. Cosa que a los sin escrúpulos no les costará.

La corrupción en la enseñanza:

Otro sector que no podía quedar al margen es, el adquirir la educación a golpe de talonario. Ya que hay "asnos", que son incapaces de aprobar o mejorar nota, si no es pagando. Hay padres, que no les importa que su hijo pase de curso aunque sea *pasando por debajo de la mesa.* Por eso hay padres que entre la opción de que su hijo repita o pasar pagando, de decantarán por esa última. Los másteres comprados a cuenta de favores, que los alumnos, llegan a darse casos de que a cuenta de influencias políticas, los obtienen sin asistir a clase, sin presentar trabajo o examinarse. Vamos que muchos currículos académicos, deberían hacer temblar, de cómo se han obtenido.

Si por un acaso, se hiciese un estudio hipotéticamente, de solo mantener en plantilla a los que han entrado sin trato de favor alguno, se podría asegurar que muchísimas empresas se quedarían sin plantilla.

De ahí el refrán, *no son todos los que están, ni todos los que están son los que son.*

El bueno y el malo

Por desgracia en la vida al malo se le suele llamar listo y al bueno se le suele llamar tonto. ¿Por qué? Pues muy simples, porque parece ser que al ser humano, le cuesta asimilar que el malo, por ser un golfo, eso es señal de ser un tipo listo, cuando en realidad no es más que un sinvergüenza egoísta. Que solo piensa en él, sin importarle lo más mínimo si perjudica o hace daño a alguien, con tal de salirse con la suya.

Por ende, cuando una persona es buena, lo habitual es decir, que tonto es, ya que a las personas se les escapa a su entendimiento, que puedan existir personas que no viven emponzoñadas. Y en lugar de aceptar que existen personas que son buenas, como no les entra, quizá hasta les da rabia que haya gente así, denuestan su persona llamándoles tontos.

Es un asco, pero es la realidad que nos toca vivir, que vivimos rodeados de esa escoria humana, que nada bueno aporta. Y como tenemos que compartir con ellos queramos o no, no nos queda más que ser lo más tangenciales con ellos posible.

Sin embargo, hay algunos que no les importa confraternizar con ellos, aun siendo unos hipócritas. Así funciona esto, risitas y tapitas por la espalda, como buenos colegas, aunque por dentro estén pensando *me cago en tus muertos.*

Si uno no obra así, no lo entienden y en lugar de llamarle íntegro, lo tachan de intransigente. O sea lo normal es, que todo el mundo baile al mismo son. Será por aquello, de que el ser humano se arrima *al árbol que mejor sombra da.* Esto es, si la mayoría son corruptos, tú te debes corromper igual, no esperes a que los corruptos vayan a enmendar su conducta deleznable.

El negocio con los muertos

Negocio rentable donde los haya el de los muertos, so pena que se alcance el principio de inmortalidad en el futuro, siempre será rentable puesto que morirán más o morirán menos, pero los fallecidos por accidente, siempre existirán. Con lo cual con menor o mayor ganancia, está asegurado el rendimiento a perpetuidad el negocio de las funerarias.

Mucha gente quizá no lo sepa, pero la fama que tienen las funerarias es, de que son como *cuervos*, disputándose el cadáver que les podrá dar rentabilidad. De manera que el consabido soborno, que pueda propiciar adueñarse del *fiambre* existirá en todos los estamentos.

Pero dejando de lado la rentabilidad del negocio de los muertos, que es algo evidente a ojos vista, no hay que olvidar que existen aquellos que buscan magnificar el negocio. Por ejemplo, en los tiempos que corren en que las pompas fúnebres han ido decayendo, pues la dependencia del qué dirán ha ido dando paso a la practicidad. Ya que antiguamente, hasta con el muerto las familias pudientes trataban de aparentar su estatus social. De ahí que a algunos desaprensivos de las funerarias se les haya pasado por la cabeza rentabilidad su negocio con la especulación.

Y que es lo que hacen para que eso suceda, pues trapichear con los ataúdes. Por ejemplo si una familia quiere concertar la compra de un ataúd de bajo coste, con la funeraria, ésta se niega a hacer el trabajo por no serle lo rentable que ambiciona. Por eso, un concepto que se debería haber impuesto como es la compra de ataúdes hechos de cartón, para todos aquellos que van a ser cremados, con el objeto de minorar el gasto a las familias, no ha tenido éxito.

Pero no acaba ahí la acción de los *carroñeros*, sino que algunas aprovechan la situación para dar el cambiazo de ataúd al muerto que va a ser incinerado. Ya que la inmensa mayoría de los parientes de los finados, cuando les dicen si quieren ver como meten el ataúd en el crematorio, sumidos por el dolor del momento, desisten del ofrecimiento. Momento en el cual el servicio funerario aprovecha para dar el cambiazo.

Sacando al muerto del ataúd caro de maderas nobles y metiéndole en uno barato de pino. Total el especulador pensará, es una pena que un ataúd tan caro y bonito, no se le vaya a sacar mayor rendimiento, si total se va a quemar. Así sucede qué a saber, cuántos *inquilinos,* llega a tener, dicho ataúd. Y lo mismo pasa con las coronas de flores, que muchas veces se llegan a notar mustias en algunos entierros, cosa inexplicable, sino fuese porque han antecedido otros enterramientos antes, donde lo único que han hecho ha sido cambiarle las bandas con las dedicatorias de familiares y amigos.

O sea, se especula hasta con los muertos, Aprovechándose del dolor e incertidumbre de los familiares del finado, sin tener el más mínimo escrúpulo.

Así de deleznables son algunos, que hasta hacen negocio con la desgracia ajena, como seres nauseabundos, con los cuales nos hacen convivir.

Parece ser que su descrédito religioso, les hace no sentir el más mínimo remordimiento, teniendo solo especial cuidado, de no ser pillados por las autoridades. No vaya a ser, que su corrupto negocio, le pueda redundar en una sanción pecuniaria. Pues parece ser que todo ser humano cree que a él no le van a pillar.

Los usureros

En medio de la fauna humana, no podía faltar la figura de los usureros. Personajes que como su propio nombre indica, se dedican a la usura, esto es dedicarse a ser prestamistas sin cualquier tipo de escrúpulo.

Son personas que su única codicia es, la de enriquecerse, en base a aprovecharse de la desgracia ajena. Como aves de rapiña que son, están a la expectativa de captar alguna presa, para cumplir con su propósito, que es ni más ni menos posar *sus garras* para despedazar *el cadáver* como buenos *carroñeros* que son.

Como no sienten remordimiento alguno, no harán ascos a aprovecharse de la situación crítica de algún infeliz, que se ha visto obligado por la premura a recurrir a él. Al fin, ellos no obligan a nadie, solo aprovechan la situación para *chuparle la sangre*. Así se enriquecen muchos, sin arrepentirse para nada, cuando una familia es desahuciada, por no poder hacer frente a las abusivas condiciones que le impuso el usurero. Con su frío temple se escudará con que, no hubiese aceptado si sabía que no iba poder hacer frente al pago. Con su sed ambiciosa, se frotará las manos cuando vea que se ha hecho dueño de un inmueble embargado, a cuenta de aquél préstamo que el mismo le proporcionó, por un precio irrisorio.

De manera que si llega a leer la esquela, de aquél infeliz que se suicidó al ser desahuciado de su casa, dirá es la selección natural donde solo los más listos merecen la pena seguir vivos. Apoyará su cabeza en la almohada y cerrará los ojos diciéndose así mismo, fue una gran operación provechosa. Soy más rico que ayer y espero serlo menos que mañana.

Extinción biológica

Como gran ser depredador, el ser humano en lugar de hacer uso de su inteligencia, para lograr una naturaleza conservadora sostenible, se está dedicando a arrasar con todo. Ya que en su avaricia, priman los intereses económicos sobre todo lo demás.

De las sucesivas etapas de extinción que ha sufrido el planeta Tierra desde su formación, estamos viviendo la más catastrófica, ya que el número de extinciones biológicas es el mayor de todas las anteriores. Por culpa de la mano del hombre, que extermina sin contemplación los hábitat de los animales, Y matan indiscriminadamente, por ejemplo los elefantes, para la obtención del Marfil, que es vendido para la fabricación de orfebrería. Otros animales como el rinoceronte, también es una especie amenazada de extinción, por culpa de los cazadores furtivos, que lo matan para cortarle el cuerno, que según dicen, posee propiedades afrodisiacas. Cosa totalmente infundada, que se basa únicamente en la ignorancia. Y que en realidad es el interés económico lo que ha llevado casi a ls extinción de la especie.

Algunos países, no tienen firmado el tratado de prohibición de la caza de ballenas, como Noruega, Islandia y Japón, siguen cazándolas bajo la excusa de que es por fines científicos. Cuando sabemos que esas ballenas capturadas, acaban vendidas en las lonjas para consumo humano. O sea, emplean la hipocresía y el cinismo de aplicar esa excusa, con la única finalidad económica. Cosa que sorprende que países con un alto nivel cultural y que precisamente no dependen para nada de esos cetáceos para subsistir. Pero así es el ser humano, pregona mucho la defensa de los derechos, sin embargo menosprecia los derechos de los animales a subsistir.

A lo largo de la existencia del hombre en el planeta Tierra, ha sido el culpable de la extinción de varios animales, como el Mamut hace 10.000 años, el tigre dientes de sable hace 8.000 años, el Moa hace 500 años, el Dodo hace 300 años, el Tigre de Tasmania y el Delfín chino en el siglo

XX. Y así un sin fin de animales que han sido extinguidos por la mano del hombre, que sería interminable reflejar aquí. Entre el siglo XIX y el siglo XX la tasa de extinción se ha multiplicado por 100. Desde el año 1500 hasta hoy, han desaparecido más de 600 especies. Esta es la sexta extinción masiva que sufre el planeta, con la diferencia de que las cinco anteriores se debieron a causas naturales, como meteoritos, explosiones masivas de volcanes, explosiones de supernovas; etc. Mientras que la que vivimos, es solo por la acción depredadora del ser humano, que no respeta a los demás seres vivos del ecosistema.

Y lo peor de todo es, que cuanto más cultura más barbaries se cometen por ese ser animal, llamado humano, que como animal que ocupa la cúspide de la escala biológica, se cree con el derecho de disponer y exterminar las demás especies. De ahí las terribles matanzas que realiza, abusando de su superioridad sobre los demás seres vivos.

Va dejando un mundo caótico, con noticias constante del exterminio de especies animales, acabando con una herencia genética que viene desde tiempos inmemorables.

El efecto invernadero, también está provocando la extinción de muchas especies, al deteriorar el medio ambiente donde viven. Ya que está provocando el deshielo de los polos, en que los animales se ven privados de sus naturales condiciones. La desertización acelerada, está dejando sin alimento a muchas especies; etc.

Y todo esto sería evitable si el hombre se propusiese de verdad paliar estos trastornos planetarios. Pero de momento aunque sabe el cataclismo que está provocando, continúa con su desalmada acción exterminadora animal.

Sin duda ocupará la cúspide evolutiva biológica, pero también es el animal más atroz, que está destruyendo todo ese mundo animal que nos rodea, que la escala evolutiva ha invertido miles y miles de años en crear. Al paso que vamos habrá arrasado en un siglo, lo que tanto esfuerzo llevó en crearse, en miles de años.

Explotación de los recursos naturales

Desde que el hombre pasó a homo sapiens, su actividad de explotación se ha ido incrementando más y más. Al principio explotaba los recursos naturales, para su autoabastecimiento propio. Pero con la evolución social, empezó a mercadear los recursos naturales, con el fin de a través del comercio, realizar el trueque de las cosas que le sobraban por las cosas de las cuales carecía. Pero fue pasando a una escala, en la cual el objetivo era enriquecerse, acumulando los recursos más valiosos, para así detentar su poderío, según tuviese. Más como la avaricia no tiene límites, empezó a raíz de la revolución industrial, a extraer los recursos del planeta, mucho más allá de sus necesidades. Lanzándose a una despiadada explotación de los recursos naturales, hasta empezar a esquilmarlos completamente. Y para lograr tal, no tuvo miramientos de cualquier tipo. Como su único afán era enriquecerse más y más, fue engañando, explotando a los pueblos que habitaban las zonas de los recursos de su interés. Aprovechándose de su ignorancia, falta de formación y hasta inocencia. Empezando una despiadada esclavitud de los pueblos, pagándoles una miseria de salarios a los trabajadores y lo mínimo posible por el recurso natural extractivo.

En esa explotación no ha miramientos morales o éticos de cualquier tipo, su negocio es sacar el máximo de beneficio, aunque sea a costa de arruinar zonas y poblaciones sin miramientos. Hasta niños de menos de 10 años, son utilizados como mano de obra barata, privándoles de su educación y formación como personas. Pero todo vale, con tal de enriquecerse, aunque sea a costa del sudor y sangre de los demás.

La mayoría de esos trabajadores, trabajan sin seguros sociales, que les garanticen tener derecho a una sanidad y a un retiro cuando lleguen a viejos. Contraen enfermedades y contaminaciones químicas por las substancias que se utilizan para extraer el recurso natural, sin ningún tipo de garantías de prevención de riesgos laborales. Y cuando alguno por desgracia, le toca ser el infeliz, que ha sufrido un accidente o ha enfermado, de manera que le impide trabajar, solo les queda la mendicidad.

Ese el ser humano, ese ser despiadado hasta con sus congéneres. A los que le importa un bledo si están siendo violados sus derechos socio-laborales.

La grandes multinacionales, se dedican a corromper los gobiernos de los países atrasados, haciendo rico al que detenta el poder para la concesión de los derechos de explotación. Mientras el pueblo común y el país donde se extrae, sigue en la más completa miseria.

Naciones que tendrían que tener un nivel de vida altísimo, nos muestran la disparidad de que la población, a pesar de la inmensidad de recursos naturales que posee, sus habitantes y el país siguen, en la miseria. Mientras que el crápula que gobierna se hace riquísimo, sin importarle lo más mínimo que sus compatriotas vivan en la esclavitud, no haya hospitales, seguros sociales, derecho a un pensión de retiro; etc.

Son sociedades, que viven en un mundo de políticos ladrones, que van a la cárcel, si es que les pillan.

Como no tienen el más mínimo orgullo de su país, con tal de llenarse los bolsillos, les importa un bledo que la nación esté siendo esquilmada, sin observarse beneficio alguno.

Pero así es la humanidad, es necesario que haya pobres para que así puedan vivir los ricos. Y como personas desalmadas que son esos que detentan el poder, donde lo único que les seduce es, todo lo que tanga que ver con el dinero y la riqueza, miran a sus propios conciudadanos como si fuesen una escoria a explotar.

Un ejemplo de eso es África, continente que por desgracia, siempre sale en las noticias, por motivos de hambruna, miseria o guerras. Todo eso que sucede es, por culpa de las multinacionales y los políticos locales corruptos. Que en su día lucharon contra el colonialismo y ahora son cooperantes en el neocolonialismo. Pues siendo un continente con unos recursos minerales inmensos, como Oro, Cobalto, Coltán, Diamantes, Petróleo, sus habitantes no ven nada de eso. Ya que el reparto es, entre las multinacionales y políticos corruptos de sus propios países.

Para lograr esos pingües beneficios, se provocan guerras, con la única finalidad de desestabilizar los gobiernos de esas naciones, sembrando el caos. Para así ante la desorganización total, obtener los recursos naturales de esos países a precios mucho más bajos.

No escatimándose utilizar cualquier medio por abominable que sea, con tal de lograr los objetivos económicos. Y después de esquilmar descaradamente los recursos de esos países, hacen que sus poblaciones se sumen a la más completa miseria. Haciendo que se les vea como unos pobres de solemnidad, cuando podrían tener una vida dignamente. Pero ya se sabe, a las multinacionales les viene muy bien que haya pobres, así explotar la mano de obra barata, hasta el agotamiento de sus recursos.

La explotación y exterminio de las selvas del planeta

Además de la brutalidad que ejerce en la extinción de muchísimas especies animales, la deforestación aumenta a un ritmo incontenible que llevará a la desertización de las pocas zonas del planeta que aún cuentan con selvas. Pero nada, los políticos, a pesar de las continuas advertencias de los científicos sobre la repercusión catastrófica sobre el planeta, miran para otro lado y siguen solo con su interés económico del momento.

Las selvas del Amazonas, Congo, Borneo y muchas más están sufriendo una deforestación tan salvaje que acabarán exterminadas en menos de un siglo. La selva del Amazonas, con una superficie mayor que Europa, está siendo arrasada, para la creación de pastos. De pastos para que puedan ser instalados ganados vacunos, que surtan de carne al mundo. Para lograr lo más rápidamente posible esa transformación, se recurre a los miles de incendios incontrolados, que están destruyendo la masa forestal del planeta, aumentando el efecto invernadero, extinguiendo especies vegetales y animales, exterminando tribus, al quedarse si su modo de vida de miles de años. A veces la superficie quemada es igual o superior a la de países enteros. Y lo peor es, que todo eso se hace, con la complicidad de los gobiernos de esos países. Que miran para otro lado, a cambio de sobornos.

Los intereses económicos hacen que los especuladores hagan uso de medios abominables. Aprovechándose de su superioridad, los especuladores exterminan los indígenas, como si fuesen animales salvajes, en esa lucha desigual, donde los indios luchan con arcos y flechas, frente a los mercenarios contratados, que portan modernas armas de fuego. Los matan sin contemplación e inclusive graban videos de sus fechorías, para escarnio y ejemplo para los demás que se puedan interponer en su camino. Los pobres indios, tratan de defender su medio, su sustento de miles de años, con una economía de subsistencia, que ha preservado hasta nuestros días esa enorme masa forestal que constituyen las selvas. Y que esos depredadores económicos, arrasan sin contemplación ni miramientos, con tal de hacerse ricos. Lo único que les importa es el vil metal.

Brasil que es el país que posee la mayoría de la superficie selvática del Amazonas, en un solo año ha perdido más de 1,3 millones de hectáreas de superficie arbolada. Con gobiernos que fomentan más el desarrollo sobre la conservación, aunque eso signifique empeñar a las generaciones futuras. A pesar de ello, los gobiernos fomentan la deforestación, sobre todos los de ultraderecha, que según su parecer, dicen que la superficie del Amazonas es demasiado grande. Por eso Brasil es el país que más bosques tropicales perdió, ya que los defensores de la selva están presionados por sus propios políticos, para que callen y no den a conocer las atrocidades medioambientales que se están cometiendo.

La salvaje deforestación, además de privar de su sustento a muchas poblaciones, está provocando la desertización, en un planeta cada día más asolado por el efecto invernadero, que está ocasionando el cambio climático. Con el aumento de los mares, por el deshielo de los glaciares.

Y parece que el ser humano, sigue impasible, como no dándose cuenta de lo que se avecina, en un punto sin retorno.

Indonesia es otro de los países que está sufriendo una salvaje deforestación, en torno a 1900 poseía una superficie selvática de 170 millones de hectáreas, pero en los años 70 del siglo XX empezó una tala masiva, llegando al final del siglo a perder una masa forestal que ha dejado al país con menos de 100 millones de hectáreas. Y lo peor es, que el 80% de la deforestación se hace de manera ilegal. En un país donde se encuentra la mayor biodiversidad del mundo. Y el ritmo de deforestación sigue incrementándose, por eso en la isla de Sulawesi ha desaparecido y en pocos años desaparecerá de Sumatra y Kalimantan. Lo que está poniendo al borde de la extinción al tigre de Bengala o el orangután de Borneo.

Otro país que está sufriendo la masiva e incontrolada deforestación es la República Democrática del Congo, que teniendo los segundos bosques tropicales mayores del mundo, con una pérdida anual de 311.000 hectáreas, cada dos años, semejante al tamaño del estado de los EEUU de Delaware. Los hombres jóvenes, desempleados, se dedican a talar los árboles ilegalmente y venderlos a precios bajos a los comerciantes madereros. Al igual que en otros países, la deforestación está poniendo al borde de la extinción a simios, elefantes, réptiles; etc. Contribuyendo al aumento del efecto invernadero. Pero lo peor es, que esquilmando sus recursos naturales, la población del Congo vive la mayoría bajo el umbral de pobreza.

Los defensores ecologistas, son asesinados por aquellos que buscan enriquecerse, corrompiendo a los ya de por si corruptos gobiernos, cuyos presidentes son seres brutalmente despiadados. Solo buscan el dinero y les da igual machacar todos los ecosistemas que existan, matando sin contemplación a todo aquél que se le ponga por delante. A las tribus indígenas, algunas aun viviendo como en la edad de la piedra, las dejan sin sustento en sus zonas de hábitat. Para así obligarlas a ser expulsadas de sus zonas.

Los gobiernos de esos países miran para otro lado, quedando impunes los latifundistas, que mandan asesinar a todo el que se interponga en su camino para lograr sus objetivos. Y esos mismos gobiernos, se desentienden de esas atrocidades, ya que son un eslabón más de esa corrupción enriquecedora. De manera que raramente es condenado alguno de los responsables de esas muertes.

Los propios países venden que la deforestación es progreso, cuando lo que aporta en realidad es la desertización y ruina.

Pero también son responsables de dicha deforestación países que están a miles de kilómetros de esas masas selváticas, que consumen sus recursos forestales, sin invertir en nada para la conservación de dichas selvas. Y como es obvio, el efecto invernadero que está provocando el cambio climático, es culpa de todos los países. Por lo tanto lo que no pueden esperar es, que determinados países, tengan que invertir en conservar sus selvas de mantera gratuita. De forma que los países del planeta, tendrán que verse todos ellos involucrados en pagar por la conservación de esa masa forestal, de manera que los países que las poseen, fomenten su desarrollo con ese dinero, sin tener que deforestar sus selvas.

Por lo tanto, como el cambio climático es una obligación de todos, si queremos seguir viviendo en un planeta habitable, donde pueda existir una coexistencia biológica y zoológica de sostenimiento, habrá que establecer un impuesto mundial para conservación de las selvas.

Y que se acabe imponiendo en la humanidad el sentido coherente, de que un mundo mejor es posible, sin que los intereses económicos acaben destrozando ese ecosistema, que ha llevado millones de años en construirse. Ya que cuando se produce la extinción de cualquier ser vivo, se desencadena un desastre en toda la cadena natural de las especies. Ya que dicha evolución, no fue fruto de la casualidad, sino de la necesidad de nutrirse unas de otras.

Y lo más sorprende es, que se dé la paradoja que justamente los pueblos más primitivos, han sido los que han llevado una política de subsistencia y mantenimiento de los recursos. Mientras que en los tiempos actuales, el acopio de tanto conocimiento y sabiduría, no ha hecho más que explotar despiadadamente los recursos, por parte de la humanidad.

Las falsificaciones

Otra de las lacras mundiales, son las falsificaciones. Herramienta utilizada por los especuladores, para beneficiarse de lo que han inventado o creado otros. Aprovechando la necesidad del ser humano, de que de no poder tener algo original, se conforma con aparentar con algo que no pasa de ser una falsificación.

Todo aquel que compra falsificaciones, está contribuyendo a la ruina de muchos negocios y al desempleo de los trabajadores. Pues es obvio, que una falsificación, no paga impuestos, que son los que nos sirven para el sostenimiento de nuestra calidad de vida. Pero el que compra, bien por ignorancia o por egoísmo, demuestra una total desidia hacia las repercusiones que origina con su acto. Él va a lo suyo y como suele ser habitual, pensará, a los demás que les zurzan.

Al especulador, le viene al dedillo, de que su negocio marginal funcione tan bien, aprovechándose de no pagar impuestos ni declarar rentas, así como de aprovecharse de la mano de obra ilegal, que trabaja para él. Ya que evidentemente tampoco paga las cotizaciones a la seguridad social, que son el sostén de nuestra atención médica y de asegurar la pensión futura de ese que trabaja para él.

Pero claro, al especulador todo eso le trae al pairo, solo busca enriquecerse, aunque sea arruinando muchos negocios, echando al desempleo a muchas personas o succionándole al que trabaja para él pagándole un sueldo mísero. Habrá algunos que hasta dirán, pero al menos les da un sustento de vida, algo que no es así, lo que logra es que a cambio del sustento de ese que trabaja ilegal, otro legal se irá a la calle por la competencia desleal.

Buena parte de este problema se podría paliar que no eliminar con una política más contundente por parte de los ayuntamientos. Pero por desgracia, siempre hay oscuros intereses políticos, donde chocan el deber de lo bien hecho, con lo políticamente correcto. Y como no quieren ser vistos como los malos de la película, los ayuntamientos pasan o simulan luchar contra ello de una manera totalmente desapercibida. De ahí que se vean las calles inundadas de *manteros*, ocupando las aceras, poniendo en peligro hasta a los transeúntes, cuando hacen sus carreras atropellando a todo el que se ponga por delante, cuando huyen del control policial. O sea que al final todo redunda, en hago que estoy, pero no estoy, la policía municipal de los ayuntamientos. Ya que ésta muchas veces tiene orden del propio alcalde, que no se atreva a tocarlos.

Otra medida mucho más efectiva, sería multar a todo aquél que sea visto comprando falsificaciones. Así la policía ejercería una mayor presión sobre el problema, ya *que muerto el perro, se acabó la rabia*. Pues obviamente eso haría que se redujera mucho la compra de falsificaciones, al sentirse presionado por el riesgo de multa, todo aquél que la vaya a comprar

Las falsificaciones constituyen una epidemia hoy en día, que abarca a todos los sectores, donde se vende y se compra, burlando la ley sin garantía alguna para el que compra. Pues muchas veces, esas falsificaciones compradas, originan consecuencias funestas para la salud de las personas. Pero el ser humano a veces es tan ignorante, que llega a descuidar su propio cuerpo, usando gafas de sol que le pueden provocar trastornos oculares, usar bronceadores que no reúnen los requisitos protectores, etc, etc.

Por eso, ese comprador consciente o inconsciente de lo que está provocando con su acción, lo que le importa es fardar, de que lleva algo simulado, pero que a los ojos de los demás, cree pasar inadvertido. Pero va todo orgulloso con lo adquirido, aunque sabe que es una falsificación. Pero lo que importa es dar el pego, esto es, vivir de las apariencias de lo que parece ser pero no es.

La piratería

Como una autentica lacra, la piratería se ha transformado en ese monstruo ciclópeo, que abarca prácticamente al 100% de los sectores. Dicha acción es el quebradero de cabeza de muchísimos negocios, pues desde que surgió la informática, ésta ha mermado sus ingresos o simplemente ha llevado a la ruina a muchos.

Obviamente, resistirse a piratear algo, de forma que te salga muy barato o completamente gratis, es irresistible. Los que piratean dirán, que pongan los precios mucho más barato y no habrá prácticamente piratería. Y en parte llevan razón, ya que el surgimiento de plataformas de pago con precios razonables, ha hecho que merme el pirateo y llegue aunque en menor medida su rendimiento a sus autores.

Muchos sectores se han visto muy afectados, generalmente la música, los videos, los programas informáticos, los libros, etc, etc.

Quién no ha copiado alguna vez por algún medio, algo pirateando. Pues casi se podría decir que el 100% de las personas. En parte la piratería lo que ha ocasionado es una mayor distribución de los beneficios, ya que aunque en detrimento de los autores, que antes ganaban auténticas fortunas, ahora tienen que repartirlos con los que crean los soportes, los que se benefician del abaratamiento; etc.

Hasta las señales de TV son pirateadas y aunque tratan de poner todos los medios para impedirlo, siempre habrá alguno que consigue escurrirse de esos medios, lográndolo.

Innumerables son las cosas que pueden ser pirateadas, por lo tanto como bien se decía arriba, han surgido a cuenta de la piratería otros empleos y empresas que dan ***soporte ilegal***, pero que al fin crean empleo. Por eso ahora los autores no se llevan la parte del león como antes y se tienen que conformar con la parte del ratón, que aun así les ocasiona buenas ganancias.

El grafitero

Figura ineludible de nuestra sociedad, que se ha convertido en una autentica plaga, que es excusado por algunos como que es una manifestación más, artística. Eso se puede entender en aquellos que embellecen muros, casas e instalaciones ruinosas. Que tratan de dar una nueva vida a algo que está en fase terminal. Pintando bellos murales, con figuras antiguas y modernas. Ahora bien, uno que se dedica a pintar garabatos, en vagones de metro, tren, muros y casas, autobuses por doquier, en realidad no más que un vándalo, que se dedica a estropear todo aquello que con el esfuerzo se ha logrado. O acaso alguien da por contado, del bien que hace con esa actitud. Al fin lo único que consigue es enguarrar los medios de trasporte. Dando una visión de auténtico esperpento, con el consiguiente gasto, e la reparación del daño. Actúan, como si no fuese con ellos, cuando esos imbéciles se deberían dar cuenta que todo eso que destrozan, se va a arreglar después con su propio dinero que de una manera u otra paga con los impuestos. Pero no, parece que es tan cretino, que se cree que todos esos daños le repercuten al Gobierno, cuando en realidad le repercute en el bolsillo de ese incivilizado.

Por lo tanto, que no me vengan con esa de que es una forma de protestar. Lo que es en realidad es, una forma de dar alas al salvajismo de esos que no respetan los bienes comunes que son de todos. Si no están conformes con el mundo, que se vayan a su casa y grafiteen todos sus paredes y muebles. Ya verás como eso no lo hacen, porque lo que trata de estropear, es lo que él cree que hará daño a las instituciones. Cuando éstas, lo único que harán será sacar más recursos para subsanar lo que ha destrozado, a cambio de substraer recursos para otras cosas necesarias.

Debería enseñarse más civismo en las escuelas y hacer ver a los niños, que esas manifestaciones solo redundan en peores condiciones de vida para la población. Y que no por ser más animales, se va a lograr algo mejor. Ya que parece ser que muchos niños, no reciben esa educación en su casa, que les haga ser menos asilvestrados

La inmigración ilegal

Una de las mayores lacras sociales es la aparición del negocio de los nuevos *esclavistas*. A diferencia de los antiguos *negreros* que cogían por la fuerza a seres humanos, para ser vendidos como esclavos; hoy en día atendiendo a los tiempos que corren, esa práctica sigue igual, aunque sea de una manera más sutil.

Las mafias, observando los movimientos migratorios, han descubierto un filón en la trata de personas. Para ello, venden ilusiones a todo aquel que las quiera comprar. Y se aprovechan de la ignorancia, desesperación y pobreza de otros. Haciéndoles ver, que en Europa está el paraíso, donde inclusive se puede vivir sin trabajar. O sea, les dan por hecho, que todo aquel que llega, tendrá fácilmente trabajo y ganará mucho dinero.

Para ello, los incautos que se creen esa milonga, pagarán lo que para ellos constituye una auténtica fortuna, tanto así como el sueldo de todo un año de trabajo en África, por ese viaje que les llevará al paraíso. A cuenta de ello, muchas familias se empeñan o venden sus pertenencias, para sufragarlo, quedándose en la más completa ruina.

Los mafiosos, reclutándolos hasta en los rincones más recónditos de África, les llevarán por caminos polvorientos en destartalados vehículos. Hasta alcanzar las costas del mar Mediterráneo.

Allí los esconderán en *casas patera*, donde aguardarán el momento idóneo para hacerlos embarcar en una patera, previo soborno de las autoridades locales, que harán la vista gorda.

Allí serán lanzados en barcazas o barcos herrumbrosos, con combustible solo para la mitad del trayecto, quedándose a la deriva en medio del mar. Y en una *colaboración* sospechosa, siempre habrá alguna ONG, que sabrá dónde están, al haberles las mafias facilitado previamente las coordenadas. Pero a pesar de ello, muchos morirán, ahogando sus sueños en el mar Mediterráneo, al hundirse las embarcaciones.

Como es obvio, en este negocio de la trata de personas, están involucrados oscuros intereses de países. Los países emisores, porque están exportando *carnaza* que será explotada en Europa, bien como trabajadores ilegales o en el mundo marginal de la prostitución. Pero eso al país le da igual, se está librando de una boca que dar de comer y que en menor o mayor medida, enviará divisas, con las remesas que enviarán esos inmigrantes a sus familias en África.

Los países de tránsito, usarán esa inmigración ilegal, para presionar a Europa, para la obtención de pagos económicos, si quieren que hagan de ***Estado Tampón***. O sea, los flujos migratorios, serán controlados a la medida que llegue dinero o no. Que llega dinero, controlarán, para que las salidas desde sus costas, sean las mínimas posibles. Que no llega el dinero, soltarán oleadas de pateras, para que Europa tome conciencia que tiene que ***abrir el grifo del dinero***, sino ya sabe lo que toca.

La inmigración ilegal se podría acabar si hubiese real voluntad entre las partes. Pero hay muchos intereses económicos de por medio y no van a renunciar a esa parte del pastel que les toca a mafias, países, gobiernos, especuladores; etc.

Y los países receptores, que se beneficiarán de esa mano de obra barata que llegará dispuesta a trabajar por una ínfima parte de lo que cobraría un nacional. Por lo tanto los especuladores que hay en todos los sectores se frotarán las manos, que les ocasionará pingües beneficios. A los gobiernos, a pesar de la crisis de natalidad, les favorecerá que lleguen ya criados, sin tener casi que invertir en ellos. Pues llegan en edad de trabajar y pagarán según nos cuentan las pensiones actuales. O sea, la pescadilla que se muerde la cola, ya que es un parche temporal, ya que todos esos que llegan, también les llegará su momento de jubilarse. Pero de momento los países se ahorran el invertir en un programa que fomente la natalidad y salen al paso del problema, aunque sea temporal. Además, ¿cómo no van a llegar cada vez más inmigrantes ilegales económicos?

Si saben que el Estado les subvenciona con una paga mensual y vivienda durante dos años más sanidad pública. Dirán, si nos subvencionan, será porque saben que seremos los que les salvaremos las pensiones por eso invierten en nosotros. O eso es por lo menos lo que nos vende el Gobierno.

Además, esto es un coladero y todo el que es subsahariano se queda, ya que prácticamente es imposible devolverlo. Junto a qué entras ilegal y no te penalizan con cárcel, al revés te mantienen durante un tiempo, para que te puedas integrar. Y además muchos de los que llegan, los dejan en libertad al momento, al estar los centros de detención saturados. Vamos que es un chollo de cómo entrar en Europa.

Resumiendo, los mafiosos se harán muy ricos, a cuenta de la venta de personas, que compran una ilusión. Esos que salen de África, según nos explican, lo hacen por buscar un futuro mejor y huir de la pobreza. Llegando a Europa, pasarán a ser los pobres del continente. Donde todos esos sueños e ilusiones que les vendieron, se transformarán en la mayoría de los casos en un engaño. Donde habrán salido en busca de un mundo idílico, encontrándose con otra cruda realidad.

El proxenetismo

Conocido como el oficio más antiguo del mundo, la prostitución aunque cumple con su función sociológica, de cubrir las necesidades de todos aquellos que no son capaces de satisfacer sus necesidades sexuales, sin la necesidad de tener que pagar. A su vez ha sido una lacra para innumerables mujeres a través de la historia. Pues aunque es un derecho disponer de su cuerpo como bien desee, infelizmente en la mayoría de los casos, no se da esa situación, sino que son explotadas por el proxenetismo.

Infinitas mujeres han sido explotadas, para hacer de su órgano sexual una fábrica de hacer dinero. Así han caído en esa situación muchísimas mujeres, unas voluntarias y la inmensa mayoría engañadas. A través de diferentes subterfugios, como el ser engañadas por algún seductor, que bajo la promesa de amor o de obtener un buen trabajo remunerado, acaban en ese mundo sórdido de la explotación sexual. Donde caen en esa rueda sin fin, que las lleva a degradarse como ser humano y de donde si tratan de salir, serán chantajeadas bajo el prisma del terror, haciéndolas adictas a las drogas, palizas, extorsión; etc, etc. Muchas mujeres son traídas desde África como mercancía, bajo promesas falsas, que las hace ya estar endeudadas por el que será su explotador a cuenta de los gastos del viaje y papeleo. Cosa que dicha deuda será inflada, adquiriendo costes astronómicos, como forma de retenerlas en el prostíbulo hasta que paguen enla deuda. Cosa que como es obvio no acabará nunca, ya que su proxeneta irá aumentando a base de intereses la deuda.

En ese mundo sin salida se ven abocadas, por la dependencia sexual de otros, haciendo ricos a todos esos proxenetas. Que las tienen sometidas a un feroz control, exigiéndolas un rendimiento económico diario, si no quieren ser sometidas a palizas diarias. Teniendo que soportar acostarse con seres nauseabundos con tal de cumplir con el comedido exigido.

En diferentes lugares del mundo, hasta niñas son explotadas sexualmente, algunas para cubrir las necesidades más elementales de la familia, como si fueran mera mercancía.

En esa situación degradante se mantendrán mientras su cuerpo sea rentable para el negocio, sin poder escaparse de ella. Hasta que cuando sea vieja y ya no sea rentable económicamente, será degradada a echarla a la calle por el proxeneta que la ha explotado.

Pero al ser un negocio rentabilísimo, así ha sido a través de la historia, donde vividores han vivido a costa del cuerpo de otra persona. Moviendo cantidades ingentes de dinero, pues esa *fábrica entre las piernas* que ven algunos, constituye una manera fácil de hacer negocio. Lo que ha provocado que desde tiempos inmemorables de la humanidad haya sido explotado.

Es una demostración más de hasta dónde puede llegar el ser humano, para llegar a vivir como un parasito a costa de otro cuerpo. En una situación de explotación total, donde le importa un bledo la dignidad de la persona explotada.

Por otro lado, la prostitución elegida por opción, es algo totalmente válido. Ya que es algo por libre elección, que aunque guarde un perfil dudoso, cada cual es libre de explotar su cuerpo como bien convenga. Al fin no tienen la culpa aquellos que recurren a ello, de que haya esa necesidad por parte de otros, que necesitan calmar sus necesidades sexuales, pagando.

Pero infelizmente del montante que genera ese mundo, se podría decir sin lugar a dudas, que la inmensa mayoría se ejerce de manera coaccionada por otro. Que ha visto en ello su modus vivendi de explotación de otro ser humano, para su beneficio propio.

Muchas personas sometidas a ese mundo, acabarán siendo un guiñapo de persona. Que se ha visto degradado por completo como persona, sintiéndose un mero objeto explotado contra su voluntad.

Pero esa es una más de las innumerables parcelas que demuestran hasta dónde puede llegar el ser humano, en su ambición depredadora. De que con tal de lograr la obtención de dinero, cualquier medio está justificado con tal de lograrlo. Por muy inescrupulosos que puedan ser esos métodos.

Haciendo un recorrido en el comportamiento de hasta dónde puede llegar ese ser llamado ***humano***, ya nada nos puede sorprender. Al ser una máquina imparable de genera dinero, sea como sea.

Exaltación de las masas

Otra forma de manipular al ser humano es, el que hacen los políticos en sus intereses partidistas. Donde azuzan las masas, para espolearles en que empiecen a bramar las proclamas políticas, que convengan en cada momento. Inclusive seguro que ésos que manipulan las masas pensarán para sus adentros, hay que ver qué fácil es manipular *a estos malditos*. Con nuestra labor de confrontación, hacemos que sean adoctrinados, tergiversados, etc. Para en base a sembrar el odio al que no piensa como ellos, se consiga ese clima de hostigamiento, para cumplir los deseos de esos que están *apoltronados* cómodamente, mirando desde la barrera, como esos imbéciles hacen el trabajo para ellos.

Provocando ese caos social, arrasando instalaciones públicas, destrozando coches aparcados, probablemente de curritos, que como no tienen dinero para pagar un garaje, sus coches duermen en la calle. Despedazando, farolas, contenedores, jardineras y árboles, como forma de sembrar el caos en las calles. En ese comportamiento absurdo, en que suelen creer que son gastos que paga el Estado, cuando la realidad es, que todo eso se paga con el dinero que aportamos todos los ciudadanos con nuestros impuestos. Con lo cual lo único que se logra con esa labor arrasadora es, que haya una carencia monetaria en determinados medios, por verse obligadas las administraciones a gastar en reponer lo destrozado.

Y lo peor es, que después todos esos que fueron manipulados y que acaban detenidos por todas esas agresiones o desperfectos que han provocado, algunos de ellos acabarán en la cárcel. Mientras que esos que les azuzaron, seguirán bien aferrados a su sillón, viendo como pagan por su cizaña, esos pobres diablos.

Pero así es el ser humano, para él, todos los medios son válidos, con tal de lograr los objetivos, aunque sean aprovechándose de incautos, que no ven más allá como han sido utilizados por intereses ajenos.

Aunque eso a los políticos les importa un bledo, ya que ellos ven que esos incautos, de los cuales hacen buen uso, son simplemente una parte más del organigrama, para lograr sus objetivos. Se excusarán, nosotros no tenemos la culpa que se dejen usar *como carne de cañón*.

Pero por desgracia, pocos son aquellos que suelen escapar de esa manipulación de las masas, solo dándose cuenta de que fueron utilizados después de pagar por sus actos vandálicos ante la ley.

Algo que le viene al dedillo a aquellos que les azuzaron, ya que han hecho lo que ellos querían gratuitamente, para lograr sus objetivos. En esos momentos es cuando nos damos cuenta, de cómo aflora nuestra parte común animal, en que esa parte que se llama racionalidad, desaparece por completo. Dando rienda suelta los instintos más primitivos.

Lo que nos hace dudar muchas veces, si alardeando como hacemos de nuestra racionalidad, lo único que aflora es esa prepotencia sobre las demás especies llamadas salvajes. Cuando a diferencia de éstas, que obran así, por el simple instinto de supervivencia, en el caso del ser humano es por pura maldad.

La envidia

Se la podría definir como la madre de todos los males, ya que de una manera u otra, está asociada a muchas desavenencias. Además de ser un elemento común al ser humano, ya que en mayor o menor medida ésta, se manifiesta en algunos momentos de nuestra vida.

Por cosas importantes o pueriles, salta a la vista muchas veces. No soportamos que uno vista ropa cara y de marca, no soportamos que uno tenga éxito en su vida laboral o personal, no soportamos que uno sea rico mientras uno es pobre, etc, etc.

Sin embargo, hay una cosa que si la palía y es la satisfacción que nos produce la desgracia ajena. Cuando a alguien a quien envidiábamos, se le tuerce la vida, nos reconforta disfrutar de su desgracia.

Pero la envidia se manifiesta de las maneras más absurdas, envidiar que uno tenga pelo, mientras uno es calvo, envidiar que uno sea delgado, mientras uno es gordo, envidiar que uno tenga una novia o novio guapo, mientras uno se tiene que conformar con la fea que le ha tocado. Y en un así infinito de nombrar, pues las manifestaciones de la envidia son interminables de expresar.

Y aunque pueda parecer denostable, que la envidia pueda provocar en el ser humano, desear que al prójimo le vaya mal, es sin embargo un sentimiento más común de lo que se cree.

Quien no ha conocido casos, de que uno o una desearían para sí la suerte de otros. Llegando inclusive a darse situaciones patéticas, donde la envidia deja en evidencia a muchos, que no son capaces de esconderla.

Ya que no soportan ver el éxito en los demás y de forma directa o indirecta intentará influenciar, de que éste no se siga produciendo en el ajeno, ya que eso le corroe por dentro.

Pero así es, una de las cualidades irrenunciables del ser humano, sentir la ENVIDIA.

Los sobornos

Bien está el dicho, de que todo el mundo tiene su precio, pues según sea la cantidad dineraria, se acaba trastocando la honradez. Cuando no se logran las cosas por las vías legales, queda ese último resquicio, que es untar con dinero, para lograr lo que no fue posible por los medios lícitos.

El Sr. Don Dinero, corrompe hasta al más honrado, solo es cuestión de cantidad. De esa manera se vencen los sentimientos morales, salvo a aquellos acérrimos que siendo una minoría, son la excepción que confirma la regla.

Son infinitas las cosas que se pueden lograr a través del soborno, por eso siempre hay la sospecha cuando hay cosas que se consiguen por cauces extraños.

De ahí que sean innumerables los casos de corrupción delatados, donde el ***untado de dinero*** sale a la luz. No se salva nadie, políticos, jueces, funcionarios, profesores, en la sanidad y un sinfín de cargos. Que harían interminable ir contando uno a uno, todos los casos que son susceptibles de sobornos.

El negocio de la religión

Algo que sin duda en sus orígenes fue creado por la necesidad del ser humano, de luchar contra las injusticias. Imbuyendo la creencia en el pobre, de que su precariedad, sería recompensada en el más allá, con el premio de ir al cielo por ser bueno. Fue lentamente transformándose en un medio fantástico de controlar las injusticias sufridas por las masas.

Dentro de ese paraguas, muchos fueron utilizados intencionadamente para contribuir a ese control. Pues a través de la historia ha habido muchas manifestaciones de fe, que al final, lo único que escondían era el de ser un mero objeto para la consecución de los objetivos, de terceros.

Un ejemplo muy claro, lo tenemos en los ***templarios***, hombres que en nombre de la fe, estaban dispuestos a llevar una vida austera y de privaciones, llegando inclusive a dar su viva por ella.

Pero el paso del tiempo fue distorsionando el principio primigenio de la obra. Pues fueron incontables los que se enrolaron en partir para la defensa de los santos lugares de oriente medio, bajo la protección de sus nobles. Sufriendo una lucha desigual, muy lejos de sus lugares de nacimiento, llena de sacrificios, pero que veían compensada por ir como un defensor más de la fe cristiana.

Poco a poco, esa labor empezó a fraguar una fortuna que fue creciendo de tal manera, que hizo que ***los templarios***, más allá de su labor religiosa llegasen a controlar económicamente a muchos países. Ya que esa labor con fin religioso, se acabó transformando en una amalgama de medios económicos, que creo una maquinaria poderosísima.

Al fin todos esos que en nombre de la fe, trabajaron para la orden, no cobraban, solo obteniendo su mantenimiento y sustento de sus necesidades más básicas.

Con lo cual, todas las riquezas que en un principio se fueron obteniendo de las cruzadas, fueron retroalimentando un negocio dinerario, que nada tenía que ver con la fe. Dando paso ese fin religioso a un fin meramente económico, donde los que detentaban las finanzas, pasaron a ser unos meros usureros, bajo el paraguas protector de la religión.

De ahí que muchos Estados europeos, contrajesen deudas con esos prestamistas religiosos. Lo que a su vez hizo que la iglesia detentase tal poder, que muchos gobernantes de esos países, acabaron siendo rehenes de su voluntad.

Fue tal el grado de riqueza logrado, que todos aquellos principios primitivos del cristianismo, como hacer voto de pobreza, pasaron al olvido. Haciendo ostentación la iglesia de su poder ante el pueblo, ejecutando obras faraónicas con templos recubiertos de todo tipo de riqueza, con el Oro como mayor símbolo de su ostentación.

Tal poder económico, que poco o nada tenía que ver con los principios de ese que decían seguir, como fue Jesucristo, hizo que la sociedad se sumiese en el oscurantismo, donde no quedaba más que seguir a pie de la letra, todo aquello que decían los prebostes de la madre iglesia.

Ahí desembocó quizá la fase más descarada de corrupción de todos aquellos que encabezaban la institución religiosa en su cúspide. Como los papas, que entraron en un descontrol total, saltándose ellos mismos, todos esos principios que tanto pregonaban ante el pueblo.

Ya que ni hacían voto de pobreza, ni seguían los mandamientos, pues se los fueron saltando todos.

1- ***Amarás a Dios sobre todas las cosas*** – Cosa que dejaron bastante que desear, ya que amaron más las riquezas mundanas, los placeres gastronómicos que no tenían límite y obviar para ellos el voto de castidad, como servidores de Dios, pues tenían relaciones sexuales y hasta hijos.

2- *No tomarás el nombre de Dios en vano* – Manipularon a su antojo el nombre de Dios, con tal de lograr sus objetivos, saltándose ellos mismos todos esos preceptos que predicaban a la plebe. Seguramente con la excusa de, que todos los medios son válidos con tal de lograrlos.

3- *Santificarás las fiestas* – Mal ejemplo daban de esa santificación, cuando había algunos que previo pago, obtenían la bula que les abstenía de tener que cumplir sus preceptos.

4- *Honrarás a tu padre y a tu madre* – De eso dieron muestras bien pocas, ya que no les importaba para nada, que sus progenitores viesen todas sus correrías, saltándose la educación cristina que éstos les habían dado.

5- *No matarás* – Probablemente sea el mandamiento más profanado, ya que la iglesia, se quitaba de en medio matándolo a todo aquel que se interponía en su camino. Quitando y poniendo gobernantes afines a su causa.

6- *No cometerás actos impuros* – De eso dieron muestra de la gran abundancia de actos impuros que cometieron, ya que además de tener relaciones sexuales, hasta llegaron a tener hijos los propios Papas.

7- *No robarás* – De entre los mandamientos, quizá éste sea el que se lleva la palma, pues la iglesia en nombre de Dios robó a mansalva. Pero claro, como era en nombre de Dios, todo quedaba absuelto.

8- *No dirás falso testimonio ni mentiras* – Son incontables los ejemplos de personas que fueron ajusticiadas por la iglesia a través de la historia, enviadas a la hoguera, bajo mentiras y falsos testimonios. Que hasta ella misma tuvo que reconocer y pedir perdón.

9- *No tendrás pensamientos ni actos impuros* – De ese casi se podría decir que estaban exentos, pues anda que no hubo ejemplos en la historia de actos cometidos por esos que detentaban la iglesia. Donde hubo flagrantes ejemplos de sodomía y abuso sexual contra novicias, pederastia; etc.

10- ***No codiciarás los bienes ajenos*** – Anda que no, no solo codiciaron sino que se apropiaron de todo aquello en que ponían el ojo. Ya que sus magnánimos poderes religiosos, les hizo apoderarse de las fortunas de muchos creyentes.

En fin, resumiendo los casos de corrupción han llegado hasta nuestros días, inclusive con casos muy manifiestos, como el escándalo del Banco Ambrosiano.

Aprovechándose de su poder e influjo sobre las masas, muchas tropelías se cometieron, como para querer ahora olvidarlas y mirar para otro lado.

Mucha religión, mucha caridad, mucho proselitismo; etc. Pero a la hora de conseguir cualquier cosa necesaria de la iglesia, hay que pagar. Y eso que es subvencionada por el Estado.

Quieres bautizar, paga, quieres hacer la comunión, paga, quieres casarte, paga, quieres obtener la nulidad matrimonial, paga; etc.

Aprovechándose de la ignorancia del profano, hasta seguro que esas servidoras gratuitas, eran poco más que las empleadas de hogar de los religiosos, que como chica para todo hasta cumplían con las necesidades sexuales de éstos. Y que hasta cuando las dejaban embarazadas, seguro que las tranquilizaban para que no sintiesen remordimiento ante el pecado, diciéndoles:

"Hijita no te preocupes, que Dios te absolverá, pues aunque te has quedado en cinta de un hombre con el cual no estabas casada, que sepas que es fruto de un enviado de Dios".

Amén.

La contaminación

Probablemente se la podría definir como la mayor plaga sufrida por el planeta, que ha llegado a poner en duda la continuidad de su existencia. Y es que el ser humano con su gran actitud depredadora, con el único objeto de enriquecerse cada vez más, siquiera se ha parado a pensar en las consecuencias funestas que ha provocado en el planeta.

Se podría decir que una de las principales fuentes de contaminación es, el uso de combustibles fósiles. En la evolución humana, se empezó por emplear como combustible, la madera, pasando después al carbón que era extraído de las numerosísimas minas a lo largo y ancho del planeta. Pero en esa busca de saciar la necesidad cada vez más acuciante de combustibles, se pasó a utilizar el petróleo, con todos sus derivados, como el diésel, la gasolina, el keroseno; etc.

El uso desmedido de la suma de todos esos combustibles fósiles ha ido provocando la subida de la temperatura del planeta, con el llamado efecto invernadero. Ese proceso de radiación térmica, emitida por la superficie planetaria, que es absorbida por los gases de efecto invernadero atmosféricos y es irradiada en todas las direcciones. Provocando la subida de la temperatura y los gases que están provocando la destrucción de esa capa protectora de ozono del planeta. Agrandando cada vez más el llamado agujero de ozono.

Aunque los científicos han estado dando la voz de alarma constantemente por las consecuencias catastróficas que provoca la contaminación, parece ser que los políticos no son conscientes o si lo son, priman los intereses económicos sobre el sostenimiento del planeta. Y llega a ser tal hipocresía, que los países que han establecido como forma de controlar las emisiones de CO_2, una cuota que le corresponde a cada uno. Pues los más contaminantes, como no quieren disminuir sus emisiones, en pro de su progreso según dicen, compran la cuota que les corresponde a los países que debido a su escaso desarrollo industrial apenas tienen emisiones de CO_2.

Las consecuencias del efecto invernadero son, que la subida de la temperatura planetaria, está provocando el deshielo de las zonas polares, haciendo que los glaciares se derritan, mermando la cantidad de agua dulce y aumentando a su vez el nivel de los mares. Esto está provocando que países con una baja altitud a nivel del mar se estén viendo inundados. A tal punto que de seguir así, algunos desaparecerán bajo las aguas.

Otras de las consecuencias del efecto invernadero son, que los cambios climáticos están provocando que aumenten alarmantemente las zonas desérticas del planeta. Minorando cada vez más las zonas cultivables. Y que cada vez hay más huracanes, tifones y tormentas meteorológicas por culpa de esos cambios climáticos debidos a la contaminación.

Las consecuencias de esos cambios, están provocando que muchas especies animales se estén quedando sin su sustento, lo que provoca su muerte, con las consiguientes repercusiones en toda la cadena trófica. Así se ve por increíble que parezca, que muchos osos polares, debido a esa alteración climática de su ecosistema, les está privando de su más elemental sustento, provocando su muerte por hambre. Y ese reflejo le ocurre exactamente a muchísimas especies más. Al alterar la temperatura de sus zonas de hábitat y de los mares.

Los ecologistas en su lucha desigual contra las multinacionales, no hacen más que estar transmitiendo la preocupación con la consecuente alarma. Pero parece ser que los políticos continúan mirando para otro lado.

Es obvio que la solución pasaría por la sustitución de los combustibles fósiles, por materias limpias renovables. Y esas materias existen, en tal cantidad que podrían abastecer a todo el planeta en sus necesidades. Eliminando el uso total de los combustibles fósiles, pero claro, entran en juego los intereses económicos, que manipulan a base de sobornos, a apagar cualquier iniciativa. Pues el viento, el agua, la electricidad, el hidrogeno; etc. Son los nuevos combustibles, para sustituir, al ser limpios y no contaminantes. De tal manera, que aunque de manera incipiente empieza a hablarse de cambiar los vehículos de combustión por eléctricos, los estados hacen una apuesta mínima. Pues hay muchos intereses ocultos, que entorpecen de manera que ese cambio se ralentice al máximo. Y para ejemplo está el hidrogeno, que es abundante en el planeta y produce emisiones de vapor de agua, o sea algo limpísimo. Pero ahí están los intereses económicos, que boicotean su uso con la complicidad de los gobiernos. Sino, como van a permitir que se empezase a cobrar la 10ª parte del coste de un combustible fósil. Se dejarían de recaudar muchísimo dinero en impuestos, aunque tambіén redundaría en la reducción de los gastos derivados de la contaminación.

Pero para eso ya están las multinacionales, corrompiendo por doquier, con tal que no se utilice esa energía barata y limpia. Vamos que les importa una mierda la salud del planeta, la destrucción de las selvas, el efecto invernadero; etc. Su único fin es enriquecerse, aunque sea a cuenta de enfermar y matar a los seres vivos, incluido ese ser bípedo llamado humano.

Para eso pagan campañas de desinformación, desestimando que se llegue a usar el hidrogeno. Un invento que hace años que existe, pero que está oculto por los poderes de los estados, que sirven a los intereses económicos de las multinacionales. Y fomentan que se enseñe inclusive en las autoescuelas, para inculcar lo malos que son otros medios de energía, que no son rentables para su bolsillo.

Se preguntarán, ¿y por qué? Pues muy simple, porque la utilización de esas energías, supondría un menor mantenimiento, un menor ruido, nula contaminación; etc. Lo cual redundaría en las industrias extractoras de combustibles fósiles, en las fábricas de vehículos, en los talleres, en los impuestos a cobrar; etc, etc. Por eso mejor que siga todo como está, hasta que llegue un día que vivamos en un planeta árido, contaminado e irrespirable. Quizá ahí se lo lleguen a plantear, porque si no hay seres vivos a quien vender para ganar dinero, se acabó el negocio. Pero hasta que eso llegue, seguimos mirando para otro lado, como si nada pasase.

Es un asco, pero llegas a la triste conclusión, que ese ser vivo llamado humano, que ocupa la cúspide de la escala evolutiva, en el fondo no es más que un gran depredador, que no respeta para nada la vida de todos los seres vivos del planeta.

Hemos hecho de los mares, unos vertederos, donde echamos toda la basura, como si el no tenerla a la vista, significase que ha desaparecido. Cuando lo único que está ocurriendo es, que estamos llenando los fondos marinos de inmundicia, provocando que la cadena alimentaria vaya contaminándose en cadena. Los peces presentan unas altas cuotas de mercurio, de micros plásticos que se han ido comiendo; etc. A su vez el ser humano, después se comerá esos peces que cree tan sanos, pero que portan en sus cuerpos, toda la basura que hemos arrojado a los mares.

Según previsiones en unos años, habrá en los océanos más plásticos que número de peces, ya que los gobiernos siguen mirando para otro lado sin afrontar el problema. Problema que debería arreglarse reduciendo a la mínima expresión el uso de los plásticos como envases. Para eso es necesario que haya verdadera voluntad y se prohíban. Pero aunque se ven los reportajes, donde aparecen auténticas islas flotantes de plásticos en los mares, el ser humano sigue de manera inconsciente, sin hacer su aportación, dejando de consumir todos aquellos productos que lleven plástico.

El descenso del CO2, además de tener que pasar por la sustitución por energías limpias, también tendría que recibirse una educación ecológica en las escuelas. Para que desde temprana edad, se vaya inculcando en los niños una mentalidad ecológica que permita salvar el planeta donde habitamos.

Pero por desgracia, lo que prima es la comodidad, pues la gente habla mucho de la contaminación, pero sin embargo poco o nada aporta para disminuirla. La inmensa mayoría, va a su trabajo en un coche de combustión, echando esa chimenea permanente de CO2. Y además van a nivel individual cada uno en su coche. Vamos que les resbala todo eso de la contaminación, ellos a lo suyo y lo demás que le den. O sea prevalece el egoísmo humano puro y duro.

Ese es el sentido que tenemos de preservar el planeta para las futuras generaciones y ser menos prácticos, solo pensando en el presente. Pero parece que esa mentalidad, solo llegará cuando el planeta nos esté asfixiando.

Pues lo más preocupante es, que esas energías limpias renovables se podrían decir que son infinitas ya que, el pena que deje de existir nuestro planeta, el viento, el agua y la electricidad; siempre existirán y además a un costó bastante bajo de conseguirlas. Pero lo que ocurre es, que los malditos intereses económicos, son lo que impide que se desarrollen. Ya que de lo contrario, muchos de esos países de zonas desérticas que tienen muchas horas solares, que cubrirían sus necesidades energéticas y además hasta podrían exportar ese exceso, que tantos rendimientos les daría, para ayudarles a salir de la pobreza, con una energía limpia. Pero claro, los que detentan el poder económico del mundo, no lo pueden permitir, sino se les habría acabado "la gallina de los huevos de Oro". Y en lugar de ayudar a esos países a que puedan ser autosuficientes y así poder tener a sus poblaciones asentadas, al tener un medio de vida digno; prefieren que sean pobres y quedar a merced de que les envíen unos sacos de harina para sus poblaciones famélicas Así todo sigue igual, en la injusticia del mundo, de manera que esos países siguen totalmente sometidos a vender sus materias primas a precios irrisorios, cada día más empobrecidos.

Eso sí, cuando salen documentales, donde salen las necesidades, calamidades y miserias de esos pueblos, miran para otro lado o como mucho les dan una limosna que no soluciona el problema. Ya que en lugar de atacar el problema de raíz, no hacen más que eternizar el problema, con "pan para hoy, hambre para mañana".

De manera que solo con la energía solar, se cubrirían todas las necesidades energéticas del planeta y se acabaría con la mayoría de la contaminación. Pero, ¿por qué no se hace? Pues ya se sabe, por lo ya mencionado arriba.

Y en lugar de vivir en un planeta ecológico, que sería factible, se gastan cantidades ingentes de dinero en limpiar, ir parcheando, gastos sanitarios; etc. Y no porque no sea posible, sino por lo ya mencionado.

Con la contaminación, estamos acabando con ese lugar llamado planeta, donde por el efecto humano, estamos exterminando toda esa riqueza evolutiva que ha tardado millones de años en generarse.

El negocio de la mendicidad

Ya fueron tiempos, en que los desvalidos mendigaban para ganar algunas monedas, con las cuales ir subsistiendo. Pero esos tiempos quedaron otrora y los avezados del negocio se fueron dando cuenta del filón que podían tener entre manos.

Siendo así, empezaron a cobrar peaje a los mendigos, según lo productivo que resultase el lugar. Así poco a poco, fueron desplazando a los mendigos que iban por libre, para ir instalando a sus "mendigos asalariados". Que el mendigo que iba por libre, se resistía a no ser sometido al chantaje, pues era amenazado a abandonar el lugar. So pena de recibir palizas, serle robado lo recaudado o en el peor de los casos, llegar a pagar con la propia vida.

Ante tal panorama, no quedaba más que, ser desplazado cada vez que encontrase un punto rentable o en su defecto plegarse al mafioso de turno. De manera que se adueñase cada mafioso de su trozo "del pastel".

Es ahí donde empieza la diversificación, una vez repartidas las zonas entre los mafiosos. Asignándose cada mafioso mediante medidas de fuerza, una zona para la explotación de la vía pública.

Negocio más rentable no puede haber, no se cotiza a la seguridad social por los *mendigos asalariados*, no hay que pagar impuestos de bienes inmuebles, no hay que hacer impuesto de sociedades ni I.V.A, no hay que pagar gafas a los ayuntamientos; etc. El único gasto es, la comisión que decide pagar el mafioso a sus *mendigos asalariados*, de lo recaudado.

Negocio mafioso, que se nutre de aquellos que con buen alma hacen su donativo a aquellos que cree caídos en la desgracia de la miseria. Cuando en el fondo están siendo unos meros peones de los que se hacen ricos a cuenta de la caridad.

Como buen negociante, el uso de la psicología será fundamental para el mafioso. Ya que sabe que el rendimiento de su negocio dependerá, del nivel de pena y misericordia, que pueda provocar en los viandantes. Y para tal tendrá que hacer la diversificación. En la cual su estrategia se basará en distintas figuras, como el mendigo típico, el que mendiga con un menor entre los brazos, el tullido que mendiga, el que hace su ruta en los trenes de cercanías; etc, etc.

Como es obvio, pasado un espacio temporal preestablecido, irá cambiando de zona a sus *mendigos asalariados*, por aquello de que no estén muy vistos.

Por un lado te encontrarás con el tullido, que bien por defecto de nacimiento, enfermedad o accidente, le faltará alguna de las extremidades; etc. Por otro estará la típica mujer, con un menor entre sus brazos, dormido probablemente con somníferos para que aguante la larga jornada. Dando una imagen de pena y ternura, que haga que el consciente de muchos, acabe aflojando la faldriquera.

También existe el subarriendo, que se trata de cobrar a otro mafioso, por dejarle que ponga a *sus prostitutas* en determinado lugar. Con el típico, si quieres ponerlas en estas zonas tan rentables, has de pagar peaje por cada una de ellas. Y así se va extendiendo la explotación y la su explotación. O todos aquellos, que con las historias más variopintas, te encontrarás desde el que pide para mantener su familia, el que dice que es para comer, el enfermo que no puede trabajar, el desahuciado; etc.

Pero por desgracia, bajo esas tristes situaciones se esconden, la picaresca del drogadicto que necesita de *un chute*, el ludópata, el trasgresor que se niega a trabajar; etc. Lo que hace que entre la desconfianza de que sea verdad y el desfile interminable de los que han hecho de ello su *modus vivendi*, los pasajeros se hayan endurecido, manteniéndose impasibles.

Evidentemente, habrá casos en los que no se den esas circunstancias, pero son una minoría, ya que el negocio ha llegado hasta la mendicidad. Y los escrúpulos se han perdido por completo, al punto que se aplica esa máxima, de "cualquier medio es válido, con tal de lograr los objetivos. De ahí que muchos indeseables cuenten sus chanzas, aprovechándose de la misericordia que hace ablandar corazones. Haciendo que buenos, acaben pagando por pecadores.

Por culpa de esos, se te queda la cara de idiota al comprobar que esos que casi llegaban a llorar para infundir lástima, te los encuentras disfrutando en salones recreativos en máquinas tragaperras. A carcajada limpia, lo que te hace pensar, vaya golfos, jugando con las monedas que les han sacado a todos esos incautos.

El poder del coño

En unos tiempos donde se ha tratado de reparar el trato discriminatorio, las mujeres a base de lucha y educación, éstas han ido logrando cuotas de igualdad al ir ocupando espacios tradicionalmente masculinos. Pero claro en esa lucha de igualdad, no han ido desdeñando privilegios, que la madre naturaleza les dotó. Y aunque ha sido nombrado hasta la saciedad el trato vejatorio, que han padecido las mujeres, debido al machismo que en varias ocasiones las han reducido al denigrante papel de ser un mero objeto sexual; no por ello han renunciado a hacer uso de ello, cuando a cambio podían lograr prebendas.

Al final dirán ellas, qué culpa tenemos nosotras de hacer uso inteligente, de esa dependencia masculina de *tapar agujeros*. Pues podemos pecar rara vez de incautas, pero no de tontas.

Y si a lo largo de la vida, se tercia que se puede lograr unas mejoras socioeconómicas, que les permitan ascender laboralmente; no vamos a ser tan bobas de no hacer uso de ello. Pues para nada somos culpables de esa debilidad masculina, que les hace sucumbir ante *un agujero*.

Raro será aquel, que en su entorno laboral, no ha conocido un caso de algu dena mujer que ha hecho uso de *esa fábrica*. Pues como es obvio, siempre habrá uno dispuesto *a empotrar*, que a alguna no le importará ser la susodicha, a cambio de lograr réditos para su persona.

Es curioso, que con el sentido tan combativo que han tenido en los últimos tiempos, en pro de no ser un objeto sexual entre los hombres, sin embargo no les importe que se imponga su sentido práctico, según qué intereses. Como por ejemplo, *pasar por la piedra*, a cambio de trepar laboralmente.

Al fin, su inteligencia se impone y según crean ellas, harán uso del victimismo. Pues aunque socialmente, siempre se ha vendido en el entorno masculino, del mayor romanticismo por parte de ellas; eso solo se lo creerán algunos pipiolos de hombres. Ya que ante el sentido práctico y cerebral de ellas, siempre se impondrá, pasar como una apisonadora sobre los sentimientos, cada vez que vean que pueden poner en riesgo, su status socioeconómico. Vamos que el amor sí, pero en las películas. Un ejemplo es, que hay hombres que *se tiran a la piscina* por una mujer por amor, acabando quizá arruinados. Cosa que en el caso de las mujeres, si se da el caso, será la excepción que confirma la regla. Ya que el sentido práctico de apostarlo todo por el amor, hará que se desvanezca, ante el riesgo de su seguridad.

La amabilidad interesada

El cerebro humano, a pesar de definirse como racional, no se puede escapar de su parte intrínseca animal. Por eso siempre estará a la expectativa de pergeñar algo, con tal de intentar de lograr algo.

Tenemos infinidad de ejemplos, por eso solo mencionaremos algunos. Y para empezar está la falsa amabilidad. Cuando el humano por ejemplo se quiere ligar a alguien, su comportamiento será abrumadoramente primoroso. Al fin hay algo más atractivo para una mujer, que ser lisonjeada en una cena, como *el paganini* tira de la billetera para pagar. Eso la llena de dicha, observar como el susodicho se lo está currando, para intentar llevársela al catre. Ese juego resulta sumamente excitante, al comprobar las demoradas manifestaciones de atención hacia ella. A los ojos del ajeno, podrá parecer el cortejo de un pipiolo.

Pero, a medida que van pasando las horas, el susodicho se empieza a impacientar ya que, ha pagado la cena, ha pagado las copas y está dispuesto a pagar la cama, pero la cortejada no muestra atisbos de que la cosa vaya a ir por donde pretendía *el paganini*. Se empieza a notársele nervioso, no para de mirar su reloj, ya que pronto   el manto de la noche se habrá desvanecido y con él se habrán esfumado sus intenciones coitales. Y *la cebolleta* no parar de crecer y revolverse en los pantalones. Ella se apercibe de ello y le echa mano a la bragueta, donde siente como tiene su polla en ristre, extrayéndola, que salta como un resorte. A él, sus ojos parecen hacerle chiribitas, como que aún con la premura de la noche, al fin sus deseos se van a ver cumplidos. Ella acerca sus labios para besarle y atenazado por un beso *de tornillo*, ella aprieta su pene imprimiéndole un moviendo de su mano de arriba abajo. Excitado como está el garañón, viéndose rendido por la maniobra, expele un chorro copioso que embadurna la mano de ella.

Aunque aliviado, ha caído en la trampa, y con esa cara de tonto la mira, desconcertado, ya que no ha hecho más que ser *un paga fantas*. Se siente un frustrado, de que su intento seductor, haya acabado naufragando, ante la mayor resistencia de las féminas frente a la mayor dependencia libidinosa de los hombres.

Ya que no ha hecho más que el panolis, como la mayoría de los hombres, que van diciendo por ahí que quienes mandan son ellos, pero al final quienes toman las decisiones son ellas. Porque en el fondo, les cuesta asumir, que son *unos calzonazos.*

Ella le mira fijamente, apenada por verle con esa cara de póker. Y para consolarle le dice, he pasado una noche fantástica, la cena muy rica y las copas y la charla muy amenas. Se nota que eres todo un caballero, que sabe cómo tratar a las mujeres.

Aturdido, escucha sus palabras. Tiene razón, he sido *un paganini*, me he esforzado en ser muy amable mientras cenábamos y tomábamos las copas, que he pagado yo, pero *he pinchado en hueso* en mis pretensiones. Ya que, aunque estaba dispuesto a cerrar el círculo de las tres "C" (c)ena, (c)opa y (c)ama, al final me he ahorrado la cama, teniéndome que conformar con *una pajilla*. Vamos que aquí no se consuela el que no quiere.

El influjo del poder

Probablemente a algunos se les haya pasado desapercibido, que si nos fijamos en el entorno social, nos resultará curioso observar una paradoja. Al comprobar por qué en el 90% de los casos, sino más, en las parejas se da la particularidad de que el hombre ocupa una posición superior laboralmente. Y para corroborarlo, solo tenemos que echar una ojeada alrededor y nos llamará la atención que haya muchos médicos emparejados con enfermeras, pilotos de aviación con azafatas, arquitectos con delineantes; etc, etc. Sólo por poner unos ejemplos.

¿Por qué será? Pues seguro que los casos que conocemos al revés, nos entrarían en los dedos de las manos. Médicas con enfermeros, mujeres piloto con azafatos, arquitectas con delineantes; etc, etc. Seguramente las feministas argumentarán que es producto de la sociedad machista, que en las familias daban prioridad a que estudiase el hombre. Pero eso ya no cuela en los tiempos actuales, ya que el número de mujeres universitarias es superior al de hombres.

¿Cuál puede ser la explicación entonces? Pues tiene una trascendencia, que según los estudiosos, es algo que tiene connotaciones antropológicas, desde los tiempos de las cavernas. Donde las féminas buscaban para el apareamiento, a los individuos más fuertes y dotados, para traspasar a su descendencia en esa selección natural, las mejores cualidades genéticas. Sin discutir, que pueda haber algo de verdad en eso, con el desarrollo evolutivo eso hoy está desfasado.

Y prueba de ello es, que algunos zotes con mucho dinero, son elegidos en esa selección natural y no creo que sea precisamente por los genes que transmitirá el gañán de turno. Con lo cual, se llega a la conclusión que las féminas, necesitan sentir la fascinación socioeconómica del individuo.

Esa ahí que cuando conocemos por ejemplo la pareja de una médica, él será de no poder ser el director médico del hospital, como mínimo otro médico como ella, la mujer piloto, de no poder ser un comandante, como mínimo otro piloto como ella, la de una arquitecta de no poder ser el catedrático de arquitectura de alguna facultad, como mínimo otro arquitecto como ella. Y así en un sin fin de profesiones. Y nos intrigará la causa de ello, pues ni más ni menos que en su autoestima, necesita sentirse valorada de que ha llamado la atención de alguien, que socialmente está considerado más que ella. No va a desmerecerse a los ojos de los demás con un mindundi, como que no valía para más.

Esa es la explicación pura y lógica, de porqué en la inmensa mayoría de los casos, la mujer tendrá por pareja a alguien que socioeconómicamente sea más que ella.

Evidentemente esto no es una ciencia cierta al 100%, puesto que hay más mujeres pujando por eso, que número de hombres en la humanidad. Por eso a alguna le tocará lidiar con el ***"verraco"*** de turno, ya que aunque no cumpla las pretensiones anteriormente señaladas, por lo menos que tenga algo.

De ahí, que exista ese refrán que dice, *a la mujer le gusta el burro grande, ande o no ande*. Si no puede destacar en factores intelectuales o monetarios, que al menos destaque por su tamaño. Por eso a veces nos depara, el encontrarnos con parejas de alturas tan dispares, en que él es un bigardo, mientras que ella es poco más que una aceituna. Así podrá presumir del ***cacho carne*** que lleva al lado.

En la creencia de que infunde la envidia en las demás, del maromo que lleva. Como insinuando, mira chata, tú no eres capaz de llevar ***un gigante*** como yo. Vamos que les infunde seguridad llevar ese ***gran dinosaurio***, que piensa poco.

El desdén hacia los solidarios

En la crueldad de la mente humana, en la mayoría de las personas, no cabe el que alguien se pueda dedicar al prójimo de manera totalmente altruista. Por eso, siempre estarán desconfiando de que, ***hay gato encerrado***. ¿Sino a qué va una persona ayudar a otra a cambio de nada?

Vamos, en qué cabeza cabe que alguien se vaya a mover, si no es por interés. Hemos llegado a tal nivel de indiferencia hacia los demás, que el egoísmo se ha impuesto con brutalidad. Y sin duda esa es una de las razones por las cuales, cada día vivimos de manera más aislada, encerrados en casa, con muy poca o nula vida social.

De ahí que cuando alguien comenta la labor desinteresada que está realizando alguien, sin interés alguno, más que el más puro altruismo, le suena ***"a chino"*** eso.

Por eso en unos tiempos en que las creencias religiosas están a la baja, mucho menos se entiende que una persona vaya a renunciar a los intereses mundanos, para dedicarse a los demás. Por eso no es raro aquel que se queda ojiplático, cuando le cuentan que el hijo o la hija de fulanito ha cogido los hábitos o ha renunciado a su profesión, para dedicarse a ayudar a los demás, a cambio solo de la satisfacción personal.

Aunque de cara a la galería dirán, que bonito, eso sí que es tener bondad, ser una persona tan generosa. En el fondo, estarán pensando para sus adentros, vaya desperdicio de vida.

Y por qué piensan así, porque la sociedad nos ha inculcado una escala de valores totalmente materialista, en que solo la posición, el poder y el dinero ocupan la escala de valores. Por eso la gente entra en esa vertiginosa carrera de tener y tener cada vez más. Como si eso fuese el síntoma del éxito.

Vamos, que alguien vaya a renunciar a una vida llena de confort, para irse a algún lugar pordiosero del planeta, para estar conviviendo con la miseria, es inconcebible. En que lo único que les pasa por su mente es, que esas personas que hacen eso, es que no están en sus cabales.

Muchos dirán, les han sorbido el seso, con una carrera fulgurante que estaba ejerciendo, ganando dinero a espuertas va y lo deja todo para meterse en un monasterio para ejercer la vida de un monje.

También está el voluntariado, esas personas que se dedican a cuidar de enfermos de los hospitales, de personas mayores que necesitan de apoyo, de los que contribuyen con protección civil, en la Cruz Roja de forma totalmente altruista. Sólo por la satisfacción personal de ser útiles a los demás.

Todo eso dentro del egoísmo individualista, conlleva a que además sean tomados por tontos, por hacer algo sin un interés pecuniario a cambio. Y eso también pasa con esos que son donantes de sangre, que lo primero que les preguntan, cuando alguien se entera que lo es, es… ¿Cuánto te pagan por ello?

Así es en general el mundo en que vivimos, donde el principio que rige es, ***dios por todos y cada uno por sí***. Ya que el mundo no se entiende, si no media la pasta de por medio.

Eso peor, que la ayuda desinteresada sea vista por la mayoría, como cosa de tontos.

Ahora bien, cuando les toca a ellos de cerca el problema, ahí sí que quieren recibir esa ayuda, como por ejemplo la donación de sangre para algún familiar o ellos mismos, cuando necesitan ser operados; etc.

Después está ese grupo de los arrepentidos tardíos, que cuando se ven en situaciones límites, como ver asomar ***La Parca*** de cerca, les entra la reflexión y entonces sí que desean contribuir inclusive económicamente. A través de distintas fundaciones, que casi siempre son aquellas relacionadas con el problema que han padecido de cerca. Empero, para ello tienen que sentir el miedo en el cogote, de lo contrario seguirán en su vida egoísta individualista.

Al fin el concepto de solidaridad está muy bien en la teoría, pero llevarlo a la práctica, ya es otra cosa. Que hace que muy pocos puedan salir, de su bola de cristal.

La pérdida cada vez más acentuada, nos ha endurecido más y más, haciéndonos indiferentes a todo aquello que esté más allá de nuestro entorno familiar más cercano. Y prueba de ello son los casos en que una persona enviuda o aquel que la cosa le ha ido tan mal en su trabajo, que ha resultado fallido. Por arte de magia los ***amigos*** dejan de llamar, si te ven por la calle, cruzan de acera para evitarte, las amistades con las cuales compartían momentos, han desaparecido; etc.

Probablemente les entra el temor, de que al sentirte quizá desvalido, les puedas pedir algo. Sin embargo en tus momentos de normalidad y opulencia, sí que eran los que se hacían pasar, por más afables. Ahí es cuando descubres, las ***hienas carroñeras*** que te rodeaban.

Pero bueno, nada nuevo creo que le resulte, al que ha pasado por ello o lo ha visto en su entorno. De que muchas veces se nos llena la boca, diciendo **mis amigos**, cuando en realidad no son más que conocidos, que en los momentos críticos de la vida, te das cuenta que no eran más que extraños coincidentes.

Y aunque muchas veces nos hayan querido advertir, de lo equivocados que estábamos, de nuestro parecer hacia determinadas personas, parece que no queremos hacer caso. Quizá por la necesidad de ahuyentar la cruda realidad, de que esos que creemos amigos, en el fondo no son más que unas alimañas más, de nuestro día a día. Pues bastante dura ya es la vida de por sí, para que tengamos que asumir esa dura realidad.

Vivir y dejar vivir

Existen personas, que parece que el sentido de sus vidas es, **hacer de la vieja del visillo**. O sea, estar pendientes de lo que hacen los demás. Y todo por la envidia, rencor, codicia, cotillear; etc.

Hacen de ello su modus vivendi, el estar pendientes de emponzoñar la vida ajena de los demás. Son personas que disfrutan haciendo eso, cuando cuánto mejor nos iría, si cada cual cuidase solo de su vida. Pero por lo visto es algo inherente al ser humano y no puede por regla general rehuir a ello.

Es evidente que pocos son aquellos, que son capaces de **vivir y dejar vivir**, probablemente porque nuestra parte animal se impone a nuestra racionalidad inconsciente.

Lo que hace que esa acción tenga un influjo tan malo en el entorno que nos rodea, de manera que nos acaba salpicando ese mal fario que nos está deseando alguien. Pues son personas tóxicas que nada bueno nos aportan, sino al revés, van envenenando el parecer que puedan tener los demás de nosotros. Ya que algo que empieza como una mentira, se va extendiendo tanto por ese emponzoñador de turno, que los demás acaban pasando de la duda a darla por verdadera.

Y muy raro será aquel, que no ha conocido un espécimen así en su vida. Llegando a parecer que más bien, que eso es imposible, de que alguien no haya conocido. Lo que viene a corroborar, que es un síntoma mucho más común de lo que se pudiese creer en el ser humano.

Por lo tanto, la única solución para no vernos afectados es, mantenernos en la mayor indiferencia con personas que nada bueno nos van a aportar. Reduciendo nuestro trato a lo mínimo imprescindible a lo que nos veamos obligados, por fuerza mayor.

Los secuestros

Siempre existió esa modalidad, de extorsionar a la familia, a cambió de liberar a un miembro de ésta, que ha sido secuestrado. Al fin es un juego muy sustancioso, cuando sale bien. Bien dinerario, político, terrorista; etc.

Existen distintas modalidades, desde aquel que es secuestrado y metido en una especie de ataúd con respiradero, donde permanece todo el tiempo. Ha habido casos así que han estado meses, al que le meten en un zulo bajo tierra a oscuras, con una trampilla, por la cual le hacen pasar la comida y el agua, a la vez que le evacuan sus deposiciones. Así ha habido casos, que han durado más de un año. También los hay, de los que usan la práctica de poner una bomba adosada al cuerpo del secuestrado, sometiéndole al terror de que dicho artefacto puede despedazarle en cualquier momento. Por si se diese el caso de querer liberarlo, accionar la bomba, haciendo saltar por los aires, al secuestrado y liberador. En una acción del todo o nada.

También hay, los falsos secuestros, en que abusando del desconocimiento del paradero de un familiar, realizan una llamada telefónica, amenazando a algún familiar de matar al que dicen secuestrado. Sobresaltado por la situación inesperada, éste, no sabe cómo reaccionar el receptor de la llamada, al exigirle el pago inmediato, del dinero o matarán al ser allegado.

Dichas llamadas son realizadas desde teléfonos situados en el extranjero, por individuos que están en su mayoría en cárceles, que se autofinancian así, a costa de la extorsión del incauto.

Y otra modalidad de secuestro es, la amenaza que le llega a un individuo o a algún familiar suyo, en que se le conmina a *o pagas la cantidad exigida o atente a las consecuencias*. Sometiendo al individuo a la agonía que en cualquier lugar y momento, podrá aparecer aquel que pondrá fin a su vida o la de algún allegado suyo. De manera que ante esa presión psicológica constante, al amenazado no le queda otra que pagar, ya que no puede soportar ese estado de tensión constante hacia él o su familia.

Ese método ha sido empleado mucho por organizaciones terroristas, como medio de autofinanciarse.

También hay el secuestro indirecto, que es aquel en que una persona u organización deciden asaltar un banco o establecimiento, con fines económicos o políticos. Y cuando esta acción no sale como esperaban, se parapetan ante las autoridades, haciendo rehenes a los clientes que hubiese dentro en ese momento.

Dichas acciones, han causado muchísimas muertes, en casos bien conocidos, como ha pasado con el secuestro de aviones, bancos, establecimientos comerciales; etc.

El terrorismo

A través la historia, el terrorismo siempre ha existido, bien para la consecución económica, logro de fines políticos, sociales, etc.

Incontables son las organizaciones terroristas que han existido en el planeta tierra. Por mencionar algunas de las más conocidas han estado "La Mano Negra", que provocó con su acción el inicio de la primera guerra mundial, IRA (ejército republicano irlandés), los Montoneros, los Tupamaros, Sendero Luminoso, ETA, Banda Madeimainhof y un sin fin de organizaciones para enumerar.

El terrorismo ha sido empleado para derrocar gobiernos, poner a políticos acólitos a los intereses, intentar lograr la liberación de países o regiones, tratar de imponer la venganza por la intromisión de terceros países en otras naciones; etc.

Lo cual ha ocasionado muchísimas muertes y desgracias personales, con auténticas masacres de lo más despiadadas, que no han respetado ni a niños ni a seres inocentes.

Unas u otras, han gozado de la simpatía de determinados sectores, en la que *con tal de lograr los objetivos, cualquier medio es válido.* Llegando a recibir la aprobación social a pesar de su salvajismo más despiadado.

Así nos va en el mundo, que ante tal peligro, los países tienen que hacer cuantiosas inversiones en seguridad. Al fin, detrás de muchos grupos terroristas están los oscuros intereses de muchos países que fabrican armas. Y para hacer ventas con ellas, crean grupúsculos terroristas para desestabilizarlos y así que dichos países se vean obligados a tener que comprarlas.

De ahí surjan grupos terroristas, que en su día fueron creados *ad hoc,* para un determinado fin y éstos crezcan de manera desmedida, escapándose al control de sus creadores.

Porque ya se sabe que el ser terrorista o no, es muy subjetivo, por lo tanto la opinión pivotará según los intereses de cada cual. Lo que para unos serán grupos terroristas, para otros serán movimientos de liberación.

Fuere como fuere, el caso es que siempre existirán. Y la población mundial, en un momento u otro se verá sacudida por ellos. O sea, mientras unos llorarán a sus víctimas, otros los exaltarán en loores de multitudes.

Así es el ser humano, por desgracia la gran mayoría se mece, según sopla el viento. Esto es, es algo inherente a su especie, siempre ir moviéndose según sus intereses egoístas individuales. En detrimento de los colectivos, pues le importan un bledo los de los demás, con tal de sacar los suyos.

El precio de ese individualismo es, justamente no tener un mundo mucho mejor, donde se podría vivir en paz y armonía, por ese egoísmo propio del individuo.

La pederastia

Una de las mayores aberraciones del ser humano es, justamente jugar con seres inocentes para saciar sus instintos libidinosos. De sentir el placer de, aprovechándose de su superioridad física y moral someter a menores a la sodomía. Evidentemente son mentes enfermas, que sienten placer de su poder sobre un menor al que tiene completamente subyugado.

Menor al que engañan, confiado éste en la buena voluntad e intenciones de ese ser que se acerca a él de manera amigable. Compran su voluntad, con golosinas, juguetes, ropa; etc.

Hay innumerables casos de pederastia en nuestra sociedad, que ha sido padecida por menores en colegios, seminarios, trabajos, organismos de ayuda social; etc.

Pero lo más horrible es, que justamente esos que pregonan la justicia divina, se aprovechen de imponer su poder intimidatorio a criaturas que se ven sometidas a todas esas aberraciones que tienen muchos sacerdotes, que se dicen enviados de dios. No siendo rara la noticia de algún caso que se destapa dentro de la iglesia. Donde altos cargos de la iglesia sienten placer de saciar su represión sexual religiosa, con niños.

Pareciéndoles poco, aún hay un mayor nauseabundo comportamiento y es, esos pederastas, que hacen de sus aberraciones negocio económico, filmando películas de contenido pornográfico, para vender a todos esos depravados que necesitan excitarse de esa manera.

O sea viendo el horror que sufre y padecen los menores explotados por esos seres desalmados, que no respetan siquiera la inocencia de los inmaduros. Haciéndoles adultos mucho antes de la edad que les correspondería.

Y lo peor de todo es, que es un negocio en auge, en que la venta de películas pornográficas de pederastia van en aumento, disparándose día a día.

Vamos, que la degradación humana llega hasta tal punto, que no siente el menor remordimiento, de estar abusando de un inmaduro, con tal de cumplir sus aberraciones y su negocio. Ya que parece ser, que cada vez más y más se han ido perdiendo los valores morales, que ya no se respeta absolutamente nada.

En un mundo en que la degradación total es el pan del día a día por desgracia.

El individualismo

Probablemente viviríamos en un mundo mejor, si fuésemos capaces de cambiar el chip, empezando a pensar más de manera colectiva que de manera individual. Pero claro eso sería luchar con esa voluntad de: **"que bien me va hacer lo que me da la gana a mi libre albedrío. Sin tener que compartir nada, eso sí que es libertad"**.

Y el ejemplo más claro lo tenemos en el vehículo turismo individual, donde todo el mundo va contaminando alegremente, escupiendo ese humo negro, que hace que las ciudades estén totalmente contaminadas.

Pues es algo impensable compartir el coche, cuando la dependencia ha llegado a tal índole, que hasta para ir a comprar el periódico a la esquina, cogemos el coche.

Y la mayor paradoja está en que la gente suele comentar, que horror cuanta contaminación hay, al tiempo que el tubo de escape de su vehículo está expulsando gases contaminantes. Lo cual nos demuestra que es tal su dependencia individual que ni se plantea que si utilizase un medio colectivo de transporte, contribuiría a reducir la contaminación. Tan poco le importa que le digan que la gente que vive en las grandes ciudades, vive un promedio de *cinco años menos.*

Y alguno te lo llega a reconocer, tengo tal dependencia del coche, que es una felicidad cuando voy *con mi chimenea soltando esa nube negra,* aunque sé que debería pensar más ecológicamente. Pero no puedo es algo superior a mí, meterme en mi coche y sentir esa libertad de hacer lo que me viene en gana sin tener que rendir cuentas a nadie. Vamos que soy feliz cuando le doy al pedal del acelerador, embrague o freno. Sé que voy contaminando, pero no puedo renunciar a poder llegar con mi coche prácticamente a mi lugar de trabajo. Pena que lo tanga que dejar en el aparcamiento, pues si pudiese lo llevaría en brazos hasta la oficina.

Pero bueno hay detractores que se escudan en que no tienen un vehículo eléctrico, porque tiene poca autonomía y no hay suficientes puntos de recarga. En tiempos futuros eso se habrá solventado y muy a su pesar se habrán visto obligados a dejar *su chimenea* y pasarse a un eléctrico. Pero es como cuando fue la revolución industrial, el ser humano se niega al progreso inicialmente, aunque al fin lo acabe utilizando como todos.

Lo fundamental es fomentar socialmente lo colectivo, pues probablemente sea el ser humano uno de los animales, que más a renunciado a la colectividad que tanto usan las demás especies.

Todo eso pasa por empezar a inculcar en las escuelas a los niños desde muy pequeñitos, por una cultura ecológica. De manera que en su etapa de formación hasta llegar a adulto, haya asumido como algo totalmente natural, utilizar medios colectivos, silenciosos y limpios. Dejando atrás esa nefasta utilización de los combustibles fósiles que nos han llevado al límite.

Obviamente ese cambio de mentalidad será lento y generacional, pero cuanto más tarde se empiece más tarde será poder librar al planeta Tierra de la contaminación que generamos por nuestras malas costumbres.

Ya que el enfoque individualista de la sociedad nos ha demostrado lo cuan equivocados estábamos. Por lo tanto hemos de cambiar, empezando por mirar nuestros propios hábitos, no los de los demás, para no abandonar ese individualismo tan nefasto para el ser humano.

Para que no ocurran cosas tan anecdóticas como que en la picaresca del ser humano, se desarrollen formas de comportamiento de querer soslayar las prohibiciones, empleando métodos ortodoxos. Como por ejemplo esa forma que en muchas ciudades se ha desarrollado para fomentar el uso del vehículo por más de una persona. Que han creado los llamados carriles vaos, para premiar a aquellos que en los atascos puedan utilizarlos para llegar antes a su destino. Pero claro, siempre está el espabilado de turno, que para evitar se captado por las cámaras de tráfico de que viaja solo, poner sentado a su lado a un muñeco hinchable. Pero tantas veces va al cántaro a la fuente, hasta que llega la policía y te pilla, con la consecuente multa.

El Racismo

Esa exacerbación del sentido racial de un grupo étnico que suele motivar la discriminación, es una constante en el mundo. Lo curioso es, que cuando preguntas en público, muy pocos serán aquellos que reconocerán que lo son. Pues es algo que está mal visto socialmente y nadie quiere pasar el malo.

Hay distintos grados de racismo, desde el suave hasta la xenofobia. Hay personas que no les gusta determinada raza por su color de piel, por sus hábitos, por la competencia; etc. Quedando claro que cuando se hace una encuesta entre personas y preguntas, nadie es racista, aunque en el fondo lo es. Y como ejemplo están esas personas que no le gustan las personas de raza negra. Pero inclusive estas, cuando se refieren a los de esa raza, dicen *morenos*, para que no se le vaya a tomar por racistas. Cuando la utilización de la palabra *negros*, no es más la que se ha usado siempre para definirlos a los de esa raza. Del mismo modo que se dice *blancos*, a los que son de esa raza. Pero ha llegado a tal grado el complejo social, que ahora para referirse a los *negros* se les llama subsaharianos. Pues decir *negros* resulta ofensivo según las connotaciones actuales. Acaso los llamados **Boers** (descendientes de holandeses nacidos en África), ¿no son también subsaharianos? Pues subsaharianos son todos aquellos que se entiende que proceden de más abajo del Sahara.

Además hay casos anecdóticos, como los dominicanos, que llaman a los haitianos **negros** que comparten la misma isla con ellos. Lo que denota, que aunque ellos son de tez mulata, se consideran más importantes que aquellos.

Otra cosa curiosa de comprobar es, que los propios **negros**, que tanto han padecido la discriminación, cuando ellos fueron traídos desde África hacia el muevo mundo de América, como esclavos. También son racistas y prueba de ello es comprobar, que los **negros** que tienen alto poder adquisitivo, tienen por parejas tanto las mujeres como los hombres en un 90% a **blancos** y si es posible, que sean rubios preferentemente. Quizá eso tenga la connotación social de que así se sienten más seguros, como diciendo mira, un **negro** ha conquistado a un **blanco**.

Otra cosa que también sucede es, que muchas personas se quedan impresionadas cuando un **negro** tiene una profesión o unos niveles de estudios superiores. ¿Por qué será, se creen acaso que por ser **negros**, pertenecen a una subespecie?

Los gitanos también es un pueblo que sufre el racismo, ya que es repudiado bajo cuerda por muchos países, por sus costumbres. Pero ellos a su vez, también son racistas, puesto que no está bien visto que uno de su comunidad se case con otro que no lo sea. Haciendo esa distinción entre **gitanos y payos.** Lo que provoca que muchas veces, cuando se dan esas uniones, éstas sean rechazadas por la comunidad gitana.

Otros racistas son los judíos, pero estos más bien por creencias religiosas. Donde en su rama más ortodoxa, no se concibe que se casen con otros fuera de su casta religiosa. Y que paradoja del destino, ellos que padecieron el horror y la crueldad del racismo nazi, lo provocan en cierta medida con los palestinos, con una política de total **apartheid,** confiscándoles sus tierras, expropiándoles para instalar colonias judías; etc. Como si fuesen ciudadanos de segunda clase

Después también está el caso de los llamados **moros**, que son llamados así como en un trato despectivo hacia su persona a todos los norteafricanos de raza blanca. Pero qué curioso, que ese mismo trato despectivo lo emplean por ejemplo los marroquíes hacia los mauritanos, que como están más abajo que ellos geográficamente, les llaman **moros.** En el caso de los llamados **moros**, ese racismo está más bien condicionado, por su mentalidad integrista, que parecen vivir en la edad media, donde la mujer es poco más que un cero a la izquierda. Lo que unido a su cerrazón religiosa, les hace ser vistos así.

Pero ojo eh, el racismo a parte del provocado por cultura, religión o raza, también está el económico. Observándose un rechazo según sea el nivel económico de cada país. Como por ejemplo los alemanes no soportan a los franceses, éstos a su vez no soportan a los españoles y éstos a su vez tienen manía a los portugueses. Como se puede comprobar de mayor a menos el nivel económico va ese rechazo.

El facineroso

Indudablemente luchar contra esa forma de ser nefasta del ser humano, costará muchísimo. Puesto que exigirá un cambio de mentalidad que se ha ido generando desde los tiempos más primigenios de la escala evolutiva. Pues parece que se llega a la conclusión que ha ocupado la cúspide de la escala evolutiva animal por el grado su maldad y pillería. Que otros pensarán que es inteligencia.

De ahí que todo lo que sea obviar las obligaciones y las leyes, le hace despertar la agudeza de siempre estar estudiando la manera de poder soslayarlo.

Por desgracia así de asqueroso, repugnante e indeseable es el ser humano. Que se gana ese mérito por sus nauseabundas acciones, de siempre ir todo enfocado hacia el camino del mal. Y eso que aun así tiene el peso del látigo de la ley encima. Alguno se planteará, pero también tiene parte de acciones buenas, algo que es cierto, solo que la proporción más o menos se medirá por un 80% de agudeza para lo malo y el 20% restante para lo bueno.

Esto es, su modo de vivir es el de ser un delincuente habitual, no sabe hacer otra cosa, de manera que siempre que tenga que emprender una acción para su provecho, aunque sea penalizando a los demás, no lo dudará.

Pero su mente es así, siempre está maquinando la forma de beneficiarse, aunque sea a través de métodos ilícitos. En la creencia seguramente de que los que obran haciendo el bien, son tontos, mientras que los que obran haciendo el mal, son los listos.

Sin duda porque hay personas que sienten remordimiento, mientras que otros carecen por completo de eso. Y entonces todo eso de las moralinas se *lo pasan por el forro.* Pues ellos van a lo suyo y creen que todos aquellos que cumplen, son en el fondo unos panolis.

En esa lucha del ser humano entre su consciente y su subconsciente, se le hace difícil plantearse de que hay otra manera de obrar ante los actos. Y por ejemplo podemos mencionar algunos de ellos, si a uno le roban un accesorio del coche, ¿cuál será su reacción? Mayoritariamente sin dudar, le pasará por el pensamiento resarcirse haciendo exactamente lo mismo.

Si compruebas que alguien ha sido un chivato sobre tu persona, esperarás a la primera oportunidad para vengarte haciendo lo mismo.

Si alguien ha intentado ningunearte, aprovechándose de ti, ¿cuál será la reacción habitual? Pues obviamente pagarle con la misma morena.

Entonces es cuando nos debemos preguntar, ¿por qué siempre sale como instinto el *ojo por ojo?* ¿Acaso no se puede reflexionar que con ese comportamiento es un suma y sigue infinito?

Arriba las manos

Todos en algún momento de la vida, al pedir la cuenta al camarero, hemos sentido la sensación, como si al presentarnos la minuta, nos ha dado la sensación de que nos hubieran dicho a la hora de pagar, *arriba las manos.*

Y es, que en el sector de la hostelería es donde más se cometen abusos dinerarios. Pero la culpa es solo nuestra, pues lo primero que se debe hacer al entrar en un local, es pedir que te den la lista, para comprobar los precios y no sentirte atracado a la hora de pagar. Pues si el precio nos parece excesivo, con no pedir, ya está. Pero si no la hemos pedido, después poco más que una pataleta podemos hacer, ya que el error fue nuestro.

Así que si te quieres curar en salud, pide siempre la carta de precios, para que no te sientas que has sido víctima de un ataque a mano armada a la hora de querer hacer un buen yantar.

La hipocresía

Sin duda hace parte de entre los dones del ser humano, *la hipocresía,* otra de las perlas de su comportamiento. Es algo que no se entiende, que existan personas que son unos puros hipócritas. Pero quizá eso venga condicionado porque a muchas personas les gusta esa falta a la verdad, ya que les hace creerse así, todo aquello que les gustaría ser. Aunque no sea más que la mentira más grande del mundo.

La expresión *comerle la oreja*, es algo que por increíble que parezca gusta mucho. Quizá porque el ser humano se siente como narcotizado al soltarle esas hipocresías tan lindas.

Tanto es así, que si a una persona le preguntas, si preferiría que le dijeran antes…*las verdades puras y duras, antes que las mentiras piadosas,* te sorprenderá que te diga que no. O sea, prefieren antes que le digan una mentira que suene bien al oído, que la sinceridad expresada por una persona.

Por eso, ante la disyuntiva de contestar tu opinión, si te pregunta por ejemplo una mujer, si la ves fea o guapa; los propios hombres te dirán que a una mujer le dirán que la ven fea. Y si les interrogas, qué respuesta darían…Te contestarán para que no suene mucho a mentira, que les dirían, no eres mi tipo, la belleza es subjetiva, no estás mal; etc. O sea de todo, con tal de no decir la verdad de como la ven, fea.

Algo que cuesta entender, que se pueda querer lisonjear los oídos a alguien, contándole una cosa que no se ajusta a la realidad, con tal de quedar bien.

Sin embargo hay personas que ellas mismas te dicen, que hay verdades que duelen, por eso prefieren que les adornen con una hipocresía. Curiosa manera de deducir el ser humano, dan prioridad a que les falseen la realidad con tal de regalarles los oídos.

Cosa que quizá por mi condición se me escapa al entendimiento que no se valore mucho más la sinceridad que la hipocresía. Pero así es, de facto las personas hipócritas suelen car bien a los demás. Ya que de manera consciente o inconsciente, el receptor de sus palabras o bien no es capaz de captar la verdad en sus palabras o prefiere hacerse el idiota, con tal de sentir de ser feliz en la burbuja hipócrita.

Probablemente porque ya vivimos en un mundo demasiado crudo, que por eso necesitamos a veces acudir a una sala de cine, donde veamos una película lacrimosa, que nos haga flotar en esa hora y media de proyección.

Para así, aunque momentáneamente, se consiga evadir de la asquerosa crudeza de la vida. Aunque en el momento de salir de la sala de cine, vuelva a cambiar el chip y dejar atrás ese estado narcótico que le ha evadido por unos momentos.

La Mentira

Otra gran lacra social es la mentira, por desgracia es como una plaga que se extiende por doquier. Obviamente hay momentos en la vida, que ante una situación de aprieto, nos podemos ver obligados a mentir. Pero sin embargo la mayoría miente compulsivamente, como si no supiesen vivir sin mentir. Además a veces, lo hacen tan descaradamente, que aunque se les aplique el refrán… ***se coge antes a un mentiroso que a un cojo.*** Les da exactamente igual.

Otras veces coges en renuncios a personas que ya ni se acuerdan de la mentira que en su día te contaron, volviéndote a mentir, pero con otro guion.

¿Quién no ha mentido en su vida?

El que más y el que menos que haya vivido una situación de adulterio, estará rodeado de mentiras, pues es parte inherente para que subsista esa situación bígama. Pues a diferencia de muchos tópicos, los hombres y las mujeres en los tiempos actuales son mentiroso por un igual.

De ahí que muchos ***se mosqueen***, cuando empiezan a pasar cosas que no están con la verdad. Donde la desconfianza de la mentira saldrá a relucir, porque ***el cornudo de turno*** empezará a sentir la necesidad de empezar a espiar el teléfono móvil u ordenador de su pareja.

Otro perfil de la mentira es el ***mentiroso mitómano*** que se inventa mentiras con tal de tener tema del que hablar y ser el centro de atención de los demás.

Pero es tal el nivel de implicación en la mentira, que de tanto contarlas, el ***mentiroso mitómano*** ya no sabe discernir cuándo está contando la verdad o mentira. Llegando a darse casos sorprendentes, de llegar a conocer a uno que un día ***sin cortarse un pelo***, me contó que él había luchado en la guerra civil española, que estuvo luchando con el General Valera y lo máximo fue que me comentó que muchas veces le limpió la espada al Cid Campeador. Todo eso, en un hombre que había nacido en 1963. Lo primero que se me pasó por la cabeza es, éste me está vacilando y quedándose conmigo.

Pero con el paso del tiempo, pude comprobar por disparates comentados a otros compañeros, que se sabía a ciencia cierta que eran mentiras. Una vez a mí mismo me llegó a comentar que había hecho el servicio militar en tres lugares y fechas distintas. Lo majo era, que él soltaba la mentira y se quedaba tan a gusto, sin importarle lo más mínimo si te lo habías tragado o no.

Es obvio que lo primero que puedes pensar es que se está quedando contigo. Pero no era así, por lo tanto nunca te dejará de sorprender lo cuanto puede dar de sí, el ser humano. Al punto de que un mentiroso llegue a padecer del trastorno ***psicológico de mitomanía***, de tanto mentir.

La Prepotencia

Otro de los grandes males de la sociedad es, creerse algunos que son más que los demás. Por eso se observa, como hay personas que miran con desdén a otras con desprecio, como considerándose más que los demás.

Como si fuesen una casta superior entre los mortales. De ahí que no sea raro, que en algún momento de la vida hayamos oído…***ese no te merece.***

Como si no hubiéramos llegado al mundo por el mismo sitio. Lo que corrobora que aunque digan que en occidente no hay castas, si las hay. Sólo que más sutilmente, nos las cuelan. De ahí que bien cierto es eso de, *cada oveja con su pareja*. Pues está claro que mayoritariamente una arquitecta no va a tener a un albañil por pareja o vice-versa. Puesto que son dos mundos completamente diferentes. Donde el entorno social ya condicionaría a esa pareja. Y en los contados casos que se puedan dar, el desgaste del tiempo les llevará al fracaso. Puesto que por muy buena voluntad que haya, los temas de los que puedan hablar, serán de interés muy distinto a cada cual.

Y prueba de ello es, que aunque hay personas que tratan de dar un salto social muy grande, como de padres campesinos llegar a ser abogado; habrá momentos en que su comportamiento delatará su procedencia. Y como ejemplo está que en una cena de fin de año de abogados, donde se respiraba un ambiente de lo más relajado entre todos los presentes; de repente los más cercanos empiezan a oír como uno de ellos empieza a hacer ruido con la boca mientras masticaba, dejándolos ojipláticos.

¿Y por qué se dirán si era un abogado igual que ellos? Pues muy simple, porque cada uno arrastrará su *pedigree* toda la vida, por mucho que haya estudiado. Es algo que se hereda desde la cuna, al igual que lo heredaron nuestros padres, abuelos y ancestros.

Por lo tanto no hay que caer en la Prepotencia de presumir que se es abogado, como si eso significase que perteneces a la élite de los elegidos. Hay que ser humildes y recordar con el mismo orgullo, de dónde venimos. No queramos tapar la existencia de cuando la madre ordenaba, mientras el padre trataba con los gorrinos en la pocilga. Al fin nuestra genética viene de todos ellos, de los que destacaron socialmente, como de aquellos de origen más humilde, la sangre de todos corre por nuestras venas.

Por lo tanto hay que hacer una cura de humildad, no poniendo cara de estar oliendo una mierda o mirar por encima del hombro, cuando se está cerca de alguien, al cual creemos inferior. Porque nadie es más o menos que los demás por ocupar un lugar diferente en el escalafón de la vida. Simplemente las circunstancias, nos condicionaron el lugar que nos ha tocado ocupar. O sea, uno u otro, podía haber ocupado el sitio del otro. Sólo el azar del destino determinó el sitio de cada cual.

La vida da muchas vueltas como una noria, en que tan pronto puedes estar arriba como abajo. Por eso la prepotencia, solo hará que endurecernos y volvernos en unos seres más egoístas.

Ese comportamiento, hace muchas veces dudar, de si se hizo bien la apreciación al decir que el ser humano era un animal racional.

Porque la verdad es que ofrece muchas dudas esa racionalidad, cuando se comporta con esa actitud tan primaria. O es que nos comportamos así, porque sentimos la necesidad de resarcirnos de nuestros complejos.

Y relegando a otro como creyéndole inferior, así nos sentimos mejor, al tener la garantía de que no ocupamos el último eslabón social.

Epílogo

Con toda esa pléyade infinita de joyas que plasma el ser humano, reflejan la actitud de que no nos queda otra que asumir que debemos convivir rodeados de toda esa basura humana.

Poniéndonos reflexivos, nos es necesario creer que eso no podrá ser así siempre y que llegarán tiempos futuros mejores, donde nacerá alguien con la capacidad de abstraerse de toda es negatividad que nos trasmite la forma de ser. Sino, de lo contrario, que asco de vida nos quedaría.

Pero aunque parezca algo imposible, un nuevo hombre surgirá, donde esas prácticas quedarán desterradas para siempre. Pues aunque es algo común a la especie, obviamente según la latitud en que se haya nacido ese comportamiento cambiará. Y como ejemplo está el comportamiento de los nórdicos, que tan envidiado es. Motivo por el cual tienen unos estándares de vida tan altos, que son envidiados por otros muchos.

Se preguntará uno, ¿por qué? Pues muy simple, porque su sentido colectivo de la utilidad de las cosas, está mucho más desarrollado que en otros países. Por eso causa hasta sorpresa a los que observan su comportamiento. Aquí por desgracia de las sucesivas levas de civilizaciones que pasaron por la península ibérica, está claro que la pillería del comercio del engaño fue la que más caló. Quizá por eso siempre está el ser humano de este país intentando *hacerle la cama* al prójimo con tal de salirse con la suya. ¿Qué significa eso? Que si nosotros con nuestra impronta nos fuésemos a vivir a dichos países nórdicos, sería cuestión de tiempo, para que todo se desmoronase y volviésemos a ser el caos que impera, de estar siempre tratando de evitar las obligaciones.

Pero claro, tratar de hacer eso es difícil, en una mentalidad donde la pillería está al orden del día siempre.

Ese individualismo latino es, el que nos ha llevado por los derroteros de ser tan diferentes en la manera de pensar. Mientras que allí se piensa de manera colectiva de lograr algo que favorezca a todos, aquí seguimos con nuestro lema de siempre…***dios por todos y cada uno por sí.*** Y así nos va, que seguimos a años luz en hábitos saludables, tanto físicos como psíquicos.

Como por ejemplo, comprobar que los periódicos de prensa, están encima de unas bancadas con una cajita de metal al lado, para depositar el importe de ellos. Sin que nadie lo esté vigilando. Algo impensable para otros países. Donde sin dudar, desaparecerían los periódicos más el dinero que pudiese haber en caja.

Otros ejemplos son, que gracias a su educación cívica, disponen de muchas más comodidades sociales, que les hace poder disfrutar de una vida con mucho más confort. Puesto que optimizan mucho más sus recursos. Cuando en otras latitudes, el salvajismo se impone, destruyendo, quemando, destrozando muchos enseres públicos; etc. Como si no fueran conscientes que todo eso que destrozan, sale de nuestros impuestos que pagamos todos. Y obviamente al tener que reponer todo aquello que ha sido destruido, redunda en que falten fondos para otras cosas, que nos harían una vida mejor.

De manera que observando desde fuera, demuestra cuan cretino es, ese que se pone a destrozar algo que ha pagado de su propio bolsillo, aunque crea que no.

Como dándonos a entender que así es el mundo, en que cada cual tiene que ocupar su lugar, dentro de todas esas figuras denostables que hay en la sociedad.

Resumiendo, que el ser humano es así en su comportamiento en líneas generales, donde lo malo, asqueroso y repugnante hace parte inherente de su persona, lo que le hace ser una figura destacada más, dentro de esa BASURA SOCIAL.

FIN

Madrid, 30 de Diciembre 2019

A. Toledano de Diego

"El escribir es una forma de luchar

contra el embrutecimiento humano"

Mi vida ha transcurrido entre dos continentes, Europa-España-Madrid y América-Brasil-Rio de Janeiro. Fruto de la emigración de mis padres. Habiendo vivido parte de mi infancia y adolescencia allá.

Siento un gran orgullo de expresarme en este hermoso idioma llamado español. Ya que es una entidad que atesoramos todos sus hablantes, en una Hispanidad que nos une en los cuatro continentes.

Frente a la pujanza de los medios en inglés, tenemos que mantenerlo vivo y fuerte, cosa que se corrobora en que cada vez hay más interés y hablantes en el mundo.

Me entristece cuando percibo que hay algunos hispanohablantes de los EEUU, que se sienten ciudadanos de segunda y por eso parecen querer desterrar cuanto antes, cualquier vestigio que les identifique como hispanos. Dándose la paradoja, que observas como los padres les hablan en español a sus hijos y aunque estos lo entienden, éstos les contestan en inglés, incapaces de hablarlo. Por el complejo que les produce ser identificados como tales, por los anglo-sajones.

Cuando deberían sentirse orgullosos de hablar uno de los idiomas más ricos de la literatura universal.

Siempre sentí interés por escribir, como forma de plasmar mis pensamientos. Pero por diferentes avatares de la vida, lo fui posponiendo. Ahora ha llegado el momento de dar rienda suelta a la fluidez de los pensamientos, dejándolos escritos.

El autor

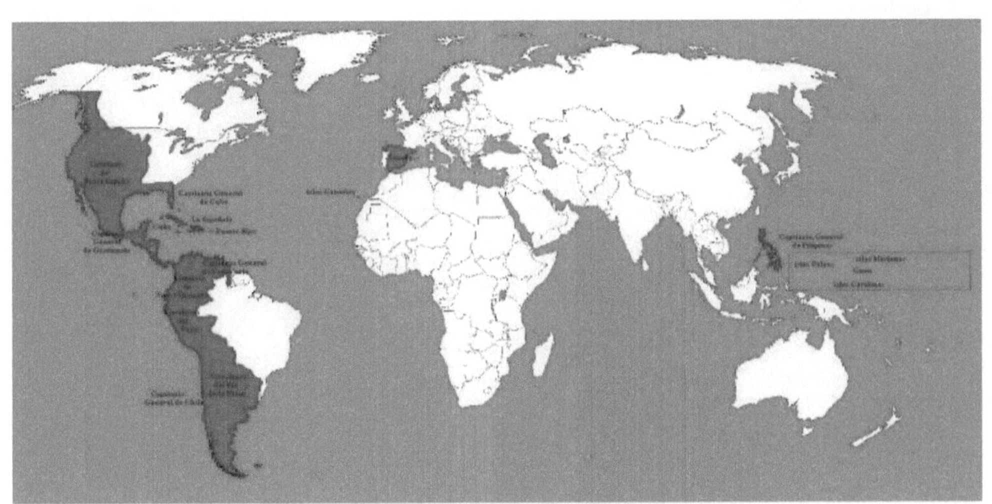

Imperio español en el siglo XVIII